LE CARDINAL

DE RICHELIEU

TYPOGRAPHIE DE CH. LAHURE

Imprimeur du Sénat et de la Cour de Cassation

rue de Vaugirard, 9

LE CARDINAL
DE RICHELIEU

PAR H. CORNÉ

DEUXIÈME ÉDITION

PARIS

LIBRAIRIE DE L. HACHETTE ET Cie

RUE PIERRE-SARRAZIN, N° 14

1856

LE CARDINAL

DE RICHELIEU.

I.

État de la monarchie française avant Richelieu.

Aucun homme d'État n'a, d'une main aussi forte que Richelieu, travaillé à fonder en France le pouvoir monarchique et l'unité nationale ; aucun n'a mieux ouvert à notre pays les voies de l'avenir. Voyons, d'un coup d'œil rapide, où en était le royaume de France à l'avénement de ce grand homme.

Au XVe siècle, la France, par un effort suprême, après une guerre de cent ans, une guerre de vie ou de mort contre l'Anglais, était venue à bout de rejeter l'étranger de son territoire ; mais elle sortait de cette lutte épuisée et dans un état demi-barbare ; ses campagnes dévastées étaient cultivées à peine par de pauvres paysans asservis au dur régime de la féodalité ; les villes respiraient plus librement et

1   a

jouissaient de quelques franchises; un commencement d'industrie et de commerce y faisait circuler
un peu de richesse; le pouvoir royal n'avait lui-
même qu'une force et qu'une existence contestées;
entouré de grands vassaux qui ne cherchaient qu'à
s'agrandir à ses dépens, il avait sans cesse à se
défendre contre leurs révoltes à main armée et leurs
ligues avec l'ennemi du dehors.

Louis XI, de sentiments vulgaires, mais d'un sens
droit et pénétrant, qui voulait être roi autrement
que de nom, avec cela rusé, patient et nullement
scrupuleux, fit pendant tout son règne bonne guerre
à ces grands vassaux de la couronne. Il en vint à
bout autant par intrigues que par force, se défit
des uns, ruina les autres, en définitive agrandit la
royauté de tout ce qu'il leur fit perdre, et posa la
première pierre de l'unité politique en France. Ses
successeurs, Charles VIII, Louis XII, assez bien
affermis au dedans, mais se fourvoyant sur les intérêts de la France au dehors, ne rêvèrent que conquêtes au delà des monts, sur le sol de la riche
Italie, et ils y entraînèrent facilement la chevalerie
française. Leurs armes n'y furent pas toujours heu-
reuses; mais, en Italie, renaissaient alors avec éclat
les lettres et les arts, et, comme consolation de leurs
défaites, les vaincus en rapportaient toujours quelques notions du beau, quelques instincts de progrès,
en un mot de précieux germes de civilisation.

Le xvie siècle s'ouvre par le règne de François Ier, roi d'humeur chevaleresque, ami passionné de la gloire des armes et de l'éclat que les arts et les lettres ajoutent à la puissance souveraine. La nécessité d'arrêter les agrandissements démesurés de la maison d'Espagne fournit à ce roi d'incessantes occasions de guerroyer. S'il prodigua dans des guerres mal conduites et sur un champ de bataille mal choisi les ressources et le sang de la France, par son côté brillant et fastueux il servit du moins les intérêts de son pays et la cause du progrès. Il ne savait se passer d'artistes, de poëtes, de savants; par sa munificence il les attirait d'Italie ou les faisait naître sur le sol français. A leur contact, sous leur vive inspiration, se forma de proche en proche un peuple intelligent, curieux, et dont l'opinion ne tarda pas à être d'un grand poids dans les affaires du monde.

Mais voici que cette indépendance et ce mouvement qui sont dans les esprits se précipitent sur une pente redoutable. Luther, audacieux novateur en matière de foi, a remué l'Allemagne jusque dans ses fondements. La France à son tour s'agite; Calvin donne à la réforme religieuse l'austérité et l'allure démocratiques. Le catholicisme se sent sérieusement menacé. Il y a alors en présence deux religions, deux Églises inconciliables, deux peuples animés d'un fanatisme contraire, mais également exaspéré et furieux ; alors éclate la plus affreuse des guerres, tout à la fois guerre civile et religieuse, raffinée en perfidies, et souillée par des horreurs inouïes jusque-là. En vain un sage ministre et grand citoyen, Michel de Lhôpital, oppose sa raison, sa vertu, son courage à ce débordement ; il périt à la peine ; et pendant trente ans la France se débat dans des convulsions sanglantes.

Vient enfin un règne de réparation, celui d'Henri IV. La politique de ce roi, heureux mélange d'énergie, de finesse et de bonté, use à la longue les factions, les désarme et leur fait aimer le repos auquel elle les a réduites. Henri veut que les deux religions sachent vivre en paix sur le même territoire, et il est obéi. La France respire ; elle retrouve peu à peu ses forces. Au dedans, une paternelle administration travaille à raviver les vraies sources de la richesse publique ; au dehors, une sage fermeté prépare les moyens de contenir l'inquiétante prépondérance de la maison d'Autriche. Mais le poignard d'un fanatique tranche, avec les jours du grand roi, toutes ces espérances d'un meilleur avenir.

Le royaume est replongé dans les faiblesses et les intrigues d'une minorité. Les grands seigneurs relèvent la tête ; ils agitent l'État, ils arment contre le souverain. La royauté, timide et livrée à d'indignes favoris, n'échappe aux insolences des grands qu'en leur abandonnant, comme rançon, le trésor public qu'ils dilapident. Les guerres religieuses se rallument ; tout n'est que trouble et oppression au dedans ; au dehors, affaissement et désertion des intérêts capitaux du pays. C'est dans de telles conjonctures que Richelieu paraît sur la scène politique.

La question alors se posait ainsi : La France verrait-elle ses libres instincts étouffés sous la pression d'une oligarchie qui ne vivait que de priviléges, ses forces s'énerver dans le tiraillement des factions et son existence nationale en péril chaque jour d'être mise en lambeaux ; ou bien remettrait-elle son sort aux mains d'un pouvoir monarchique, fort de son unité, capable de faire plier toutes les volontés sous les mêmes lois, résumant en lui la vitalité et les droits d'un peuple, assez puissant pour le sauver, de quelque côté que vînt l'ennemi, et lui réservant dans l'avenir la grandeur inconnue de ses destinées ? Richelieu vint, jugea la situation, se mit à l'œuvre ; et le monde sait laquelle des deux solutions la France doit au patriotisme et au génie de cet homme d'État.

II.

Premières années de Richelieu, son entrée dans l'épiscopat.

François du Plessis, d'une noble famille de la Touraine, seigneur de Richelieu, capitaine des gardes d'Henri IV, eut trois fils, dont le dernier, Armand-Jean du Plessis, fut depuis l'illustre cardinal de Richelieu,

Armand-Jean du Plessis naquit au château de Richelieu, le 5 septembre 1585. Son frère aîné, appelé à soutenir le nom de la famille, prit la carrière des armes; son frère puîné entra dans les ordres; lui-même fut élevé pour l'état militaire, et se nomma le marquis de Chillon. Mais une circonstance imprévue renversa tous ces projets et changea la destinée de Richelieu.

Celui de ses frères qui était entré dans les ordres, et avait été élevé à l'évêché de Luçon, renonça tout à coup aux dignités ecclésiastiques pour se confiner dans un cloître; il se fit chartreux.

Cependant l'évêché de Luçon était conservé depuis longtemps comme un apanage dans la famille du Plessis. Elle ne voulut point qu'il passât dans des mains étrangères; et il fut résolu que le jeune marquis de Chillon quitterait les armes pour l'épiscopat. Armand du Plessis n'opposa point de résistance à ce vœu de sa famille; il écrivait à son grand-oncle à cette occasion : « Que la volonté de Dieu soit faite! j'accepterai tout pour le bien de l'Église et la gloire de notre nom. »

Son but une fois marqué, il y tendit avec cette force de volonté et cette constance qui sont le cachet des grands caractères. Quoique d'une complexion

frêle et qui demandait de grands ménagements,
pendant quatre années, il consacra huit heures par
jour à l'étude de la théologie, ce qui contribua à
ruiner sa santé qui ne cessa pas dès lors d'être mauvaise. Il fut reçu docteur après des épreuves qui lui
valurent d'unanimes applaudissements; mais pour
être investi de son évêché, une bulle du pape lui
était nécessaire, et comme il n'avait pas encore
atteint l'âge de l'épiscopat, il alla solliciter lui-
même à Rome son institution. Son savoir y fut hautement apprécié. Grégoire XV, après une thèse
qu'il soutint devant lui avec beaucoup de succès,
le sacra évêque en 1607. Il avait alors vingt-deux
ans.

« On dit même, rapporte l'abbé Siri, historio-
graphe de la reine Anne d'Autriche, qu'il trompa
Sa Sainteté dans le calcul de ses années, et qu'après
sa consécration, il lui demanda l'absolution de son
mensonge et de sa tromperie, ce que ce pontife lui
accorda en riant, et en disant à ceux qui étaient
présents à cette action : *Que ce jeune évêque était
doué d'un rare génie, mais qu'il l'avait fin et rusé.* »

Pendant sept ans on put croire que l'évêque de
Luçon était destiné à compter parmi les pieux et
modestes prélats de l'Église de France. Voué à l'é-
tude, aux soins de son diocèse, et zélé pour la
conversion des hérétiques, aucune autre pensée ne
semblait alors l'occuper. Il avait seulement acquis

une grande réputation comme prédicateur. La convocation des états généraux, en 1614, vint ouvrir devant lui la carrière politique.

III.

États généraux de 1614.

On peut se représenter les états généraux, sous la vieille monarchie, comme une image affaiblie de nos assemblées législatives. La nation divisée en trois ordres : noblesse, clergé, tiers état, nommait des députés chargés de concourir avec la royauté au rétablissement de l'ordre dans l'administration et dans les finances publiques et à la réforme des lois. Mais la convocation de ces assemblées nationales n'avait rien de régulier. Elle était subordonnée à la volonté des rois ; aussi n'avait-elle lieu que de loin en loin, aux époques de crise, lorsque le désordre était à son comble, et le pouvoir royal à bout de ressources pour faire face aux dépenses publiques et aux dangers de la monarchie. A mesure que les rois devinrent plus absolus, les assemblées des états généraux devinrent plus rares. Ceux de 1614 furent les derniers. Nous n'en verrons le réveil que deux siècles plus tard, en 1789, lorsque le vieux régime et la monarchie elle-même seront près de s'abîmer dans une immense révolution.

Les états généraux de 1614 furent convoqués dans les malheureux temps de la régence de Marie de Médicis. En 1610, la mort d'un grand roi, Henri IV, misérablement assassiné par un fanatique, avait laissé le trône à son fils, Louis XIII, enfant à peine âgé de neuf ans. La reine mère, Marie de Médicis, fut déclarée régente du royaume, pendant la minorité de son fils. Cette princesse d'origine italienne, d'un caractère tout à la fois absolu et crédule, mélange de fierté et de faiblesse, entourée de courtisans intrigants et avides, laissa bientôt déchoir la France du degré de puissance et de prospérité où le règne réparateur d'Henri IV l'avait élevée. Elle donna toute sa confiance à deux Italiens venus en France à sa suite, Concini, jeune Florentin, bien fait et spirituel, et Léonore Galigaï, fille de sa nourrice et sa sœur de lait, placée près d'elle comme femme de chambre et qui la dominait par son adresse et son caractère persévérant. Ces deux étrangers avaient allié par un mariage leurs talents pour l'intrigue et leur fortune. Concini trop ardent pour la richesse et les honneurs, et qui s'était fait créer marquis d'Ancre et maréchal de France, quoiqu'il n'eût jamais porté les armes, s'était rendu généralement odieux. Pour apaiser les mécontents, il mit, pour ainsi dire, au pillage les trésors amassés par Henri IV et son économe ministre, Sully, en vue des grandes entreprises qu'ils méditaient dans

l'intérêt de la puissance extérieure du pays. Les
seigneurs des plus hautes familles ne rougirent
point de recevoir du favori, à titre de dons, de
grosses sommes d'argent, et quarante millions,
valeur énorme pour ce temps, destinés à abaisser
la puissante maison d'Autriche furent dissipés dans
ces honteuses prodigalités. Le fruit en fut d'ailleurs absolument perdu. Enhardis par la faiblesse
d'un semblable gouvernement, les grands seigneurs
affectaient des airs mécontents, se retiraient dans
leurs provinces, rassemblaient leurs hommes
d'armes, et semblaient prêts à jeter le pays dans
de nouvelles guerres civiles. Les plus modérés pu-
bliaient des manifestes par lesquels ils mettaient à
nu les plaies de l'État, accusaient la cour et de-
mandaient instamment la convocation des états généraux.

La régente, après quelques velléités d'armer pour
réduire les mécontents par la force, abaissa devant
eux l'autorité royale, chercha à ramener les plus puissants par de nouvelles largesses dont le trésor public
fit encore les frais, et convoqua les états généraux,
Mais, comme cela arrivait d'ordinaire, cette grande
assemblée ne remédia à aucun des maux du pays.
Elle agita beaucoup de questions sans les résoudre;
le temps se passa en plaintes stériles et en vaines
disputes; et la cour, qui voyait toujours avec ombrage ce simulacre de la souveraineté nationale,

se hâta d'en prononcer la clôture. L'antagonisme des trois ordres, profondément divisés d'intérêts, et qui délibéraient séparément, contribua surtout à produire cette impuissance pour le bien.

IV.

Avénement de Richelieu au ministère.

Ce fut là, cependant, que celui qui devait être un grand ministre commença à se révéler. L'évêque de Luçon ne resta pas inaperçu aux états généraux ; l'ordre du clergé le comptait parmi ses membres éminents, et le choisit même pour son orateur. Chargé de haranguer le roi à la séance solennelle de clôture, il sut mêler à son discours les plus adroites flatteries pour Marie de Médicis ; et comme il n'avait pas dédaigné d'ailleurs de s'insinuer dans les bonnes grâces de Galigaï (la maréchale d'Ancre), il ne tarda pas à être appelé à la cour avec le titre d'aumônier de la reine mère. Dans cette position, il eut l'art de montrer assez de bonne volonté pour être jugé un homme utile, sans laisser soupçonner un mérite assez éminent pour inquiéter ses protecteurs ; aussi, le maréchal d'Ancre n'hésita pas à l'appeler au ministère, en 1616, comme secrétaire d'État de la guerre et des affaires étrangères. L'évêque de Luçon n'était pas homme à se faire illusion sur la mobilité de la faveur qui l'avait élevé au pouvoir, et tandis que le maréchal d'Ancre disposait au profit d'une de ses créatures de l'évêché du nouveau ministre, celui-ci avait à cœur de conserver une position bien plus sûre que son portefeuille, et manœuvrait pour gagner du temps. Sur ces entrefaites, une catastrophe qui vint à éclater amena une solution imprévue.

V.

Faveur d'Albert de Luynes. — Assassinat du maréchal d'Ancre.

Le maréchal d'Ancre, enivré de sa faveur, se plaisait à laisser le jeune roi complétement étranger aux affaires et livré à des amusements puérils. Un des rares gentilshommes attachés au service du prince, Charles Albert de Luynes, excellait dans les diverses manières de faire la chasse aux petits oiseaux; il les enseignait au jeune roi, et par ce moyen il était entré fort avant dans sa familiarité. Au fond de sa pensée, Albert de Luynes méditait de perdre Concini, de ruiner le crédit de la reine mère, et de gouverner à leur place. Il lui fut aisé d'irriter l'orgueil du jeune roi. Il lui représenta qu'il avait atteint sa majorité, fixée pour les rois de France à l'âge de quatorze ans; qu'elle avait été déclarée par le parlement de Paris; que c'était à lui de régner; que cependant sa mère et le maréchal

le tenaient en tutelle et presque en prison dans
le Louvre ; que, par un coup hardi, il ressaisirait
en un instant sa liberté et sa dignité de roi. L'assassinat du maréchal d'Ancre fut résolu, et pour instrument on fit choix d'un gentilhomme, le baron
de Vitry, capitaine des gardes, dont le service au
Louvre allait prochainement commencer. Celui-ci,
à qui l'on promit comme récompense le bâton
de maréchal de France, se montra fort aise qu'on
eût songé à lui, et déclara se charger de l'affaire.
On discuta le lieu et le moment. Après une première
occasion manquée, l'exécution resta fixée au 24 avril
(1617).

« Ce matin-là, le roi était de bonne heure levé ;
il avait annoncé une partie de chasse pour laquelle
on lui tenait un carrosse et des chevaux prêts, au
bout de la galerie qui joint le Louvre et les Tuileries.
Son projet était, dit-on, de s'en servir pour la fuite,
si le coup venait à manquer. Le baron de Vitry
avait placé dans la cour du Louvre, en différents
postes, les gens de main qu'il avait choisis, non
pas gardes du corps obéissant régulièrement à un
ordre de leur chef, mais bons et notables gentilshommes faisant service volontaire, comme il était
d'usage aux actions d'éclat ; de ce nombre était son
frère et son beau-frère. La grande porte du Louvre
était fermée ; mais l'ordre avait été donné de l'ouvrir
quand le maréchal paraîtrait, et de la pousser aussi-

tôt derrière lui; quelques hommes sûrs devaient renforcer là les archers de garde, et l'un d'eux, placé au-dessus du passage, était chargé d'annoncer par un signal que la victime entrait dans le piége. Vers dix heures, le maréchal d'Ancre sortit de son logis, et vint au Louvre, accompagné de cinquante personnes environ qui toutes le précédaient. Après avoir passé la porte, il se trouvait sur un pont dormant joignant un pont-levis qui menait à la basse-cour; ce fut là que le baron de Vitry le rencontra, après avoir traversé sans mot dire l'escorte qui marchait devant lui, et lui dit brusquement qu'il avait ordre de l'arrêter. Le maréchal n'eut que le temps de faire un mouvement de surprise et de s'écrier, dans la langue de son pays : « Moi ! » Aussitôt cinq coups de pistolet partirent; trois seulement l'avaient atteint, et il était tombé sur ses genoux. Les derniers venus le frappèrent à l'envi de leurs épées. Le baron de Vitry s'assura de sa mort en l'étendant par terre d'un coup de pied : aussitôt on le dépouilla de ses habits; un des meurtriers prit son épée, un autre son anneau, celui-ci son écharpe, celui-là son manteau, et tous coururent porter au roi ces dépouilles dont il leur fit don.

« Le roi était enfermé dans son cabinet des armes, assez inquiet de l'événement, lorsque le colonel des Corses, Jean-Baptiste d'Ornano, qu'il avait mis du complot et attaché spécialement à la garde de sa personne, vint lui en apprendre le succès. Alors il se sentit en merveilleuse envie de guerroyer ; il demanda sa grosse carabine, prit son épée, et entendant les cris de : Vive le roi! qui retentissaient dans la cour, il fit ouvrir les fenêtres de la grande salle, s'y montra, soulevé par le colonel corse, et criant : — Grand merci à vous, mes amis ; maintenant je suis roi.—Puis il donna l'ordre qu'on allât lui chercher les vieux conseillers de son père. Des gentilshommes partirent à cheval pour les avertir, et pour répandre dans la ville la nouvelle que —le roi était roi.—Car le mot avait réussi[1]. »

VI.

Procès et supplice de la maréchale d'Ancre.

Le parlement fit le procès tout à la fois à la mémoire du maréchal et à sa malheureuse veuve. Ils furent accusés l'un et l'autre de sacrilége et de crimes politiques. La maréchale d'Ancre, femme d'une constitution très-frêle, et sujette aux accès d'une maladie nerveuse que la médecine ordinaire était impuissante à guérir, avait parfois recherché les conseils et les remèdes d'empiriques et de charlatans

1. A. Bazin, *Histoire de France sous Louis XIII et sous le ministère du cardinal Mazarin.*

suspects de sorcellerie; elle avouait elle-même à cet égard des faits qui dénotaient simplement son vif désir de revenir à la santé et sa crédulité superstitieuse. Dans le procès, on fonda l'accusation de sacrilège sur ce que le maréchal et sa femme avaient fait venir d'Italie un prétendu médecin, lequel « était grand hébreu et vrai juif, ne recevant aucun salaire le jour du sabbat; » sur ce qu'on avait trouvé chez eux deux livres écrits en langue hébraïque; sur ce que la maréchale, au dire de son cocher, aurait été souvent la nuit dans des églises d'où s'échappaient de grands hurlements, « annonçant qu'elle y sacrifiait un coq, cérémonie judaïque et même païenne; » enfin sur diverses pratiques d'astrologie et de sorcellerie pour connaître l'avenir et pour exercer du pouvoir sur la volonté des grands. On rapporte à ce sujet qu'un conseiller qui faisait subir à la maréchale un interrogatoire, lui demanda de quel sortilège elle s'était servie pour charmer et dominer la reine mère : « D'aucun autre, répondit-elle avec fermeté, que le pouvoir des âmes fortes sur les faibles. »

Dans tout le cours d'une longue instruction, la maréchale se défendit avec sang-froid et une grande supériorité de raison; elle expliqua par la crédulité et les fantaisies bien excusables d'une femme valétudinaire, quelques pratiques d'où on lui avait fait espérer un soulagement à ses souffrances; elle déclina la responsabilité des crimes politiques qu'on imputait à son mari ; elle convainquit de son innocence plusieurs de ses juges, à tel point que, prévoyant trop bien l'issue du procès, ils refusèrent de prendre part aux délibérations.

Le 8 juillet (1617) l'infortunée maréchale fut amenée dans la chapelle de la Conciergerie, où elle entendit à genoux l'arrêt du parlement. Cet arrêt déclarait Concini et sa veuve criminels de lèse-majesté divine et humaine, condamnait la mémoire du mari à perpétuité, et la veuve « à avoir la tête tranchée, son corps et tête brûlés et réduits en cendres. » A la lecture de sa sentence, la maréchale ne put retenir un cri de surprise et de douleur. Elle pensa d'abord à faire différer son supplice en alléguant un état de grossesse supposé ; mais elle renonça presque aussitôt à ce moyen de sursis, et se livra aux bourreaux avec beaucoup de résolution et de courage. Comme elle montait sur la fatale charrette, ses yeux se portèrent sur la foule immense qui se pressait pour assister à ses derniers moments, et elle dit d'une voix douce : « Que de peuple pour voir une pauvre affligée ! » Conformément à l'arrêt, sa tête tomba en place de Grève, et ses restes furent livrés au bûcher.

Louis XIII a reçu de ses contemporains le surnom de *Juste*, et l'histoire le lui a conservé. Ce qui est pénible à dire, c'est que le beau nom de *juste* a été donné à ce souverain pour l'odieux guet-apens à l'aide duquel il se débarrassa du maréchal d'Ancre. Les flatteurs du pouvoir à cette époque répétant sur tous les tons que le roi avait « fait justice, » le peuple s'accoutuma à l'entendre appeler *Louis le Juste*.

VII.

Exil de Marie de Médicis.

Cette révolution de palais, commencée dans le sang du malheureux Concini, s'acheva par la ruine absolue de la puissance de Marie de Médicis. Soutenu par de Luynes, le jeune roi retint d'abord sa mère prisonnière au Louvre, dans son appartement. On mura les issues qui pouvaient lui permettre de communiquer avec les autres parties du palais : on abattit le pont qui conduisait à son jardin. Toutes relations lui furent interdites avec ses plus fidèles serviteurs, et même avec les princesses ses filles. Aucune avanie ne fut épargnée à cette reine. Vitry vint chez elle se livrer aux perquisitions les plus injurieuses, au point de regarder jusque sous son lit, et dans ses coffres, s'il n'y avait pas quelque baril de poudre, qui aurait pu faire sauter cette aile du Louvre où était aussi l'appartement du roi ; enfin on lui permit de se retirer dans quelque ville de son apanage. Au moment de son départ, son fils n'osa lui refuser une dernière entrevue ; mais on arrêta par écrit les paroles qui devaient être échangées entre la mère et le fils. Marie, en présence du jeune roi, laissa voir une vive émotion, mais lui n'opposa à ses larmes qu'une contenance froide et des réponses embarrassées. La reine mère prit immédiatement le chemin de la ville de Blois qu'elle avait choisie pour lieu de sa retraite (3 mai 1617).

VIII.

Disgrâce de Richelieu.

Richelieu fut entraîné dans la chute de ses protecteurs, mais non sans avoir fait effort pour maintenir sa fortune politique, en reniant leur mémoire. Il devait son élévation au maréchal d'Ancre et à sa femme; appelé par leur crédit au conseil du roi, comme secrétaire d'État, il exprimait alors dans une lettre à Concini, « sa reconnaissance et son affection inviolables pour les faveurs qu'il avait reçues de lui et de madame la maréchale, lesquelles n'avaient eu d'autre fondement que leur bonté. » Cependant peu d'heures après l'assassinat du maréchal, on le vit se mêler à la foule des courtisans qui assiégeaient le Louvre pour féliciter le roi *d'avoir fait justice;* cette foule était si pressée, que pour n'en être pas étouffé, le jeune Louis fut obligé de monter

sur une table de billard d'où il recevait les compli-
ments. Seul des anciens ministres, Richelieu se ha-
sarda à venir aussi faire sa cour ; le roi lui fit mauvaise
mine. Sans se rebuter, il se rendit dans la salle où
s'assemblait le conseil ; mais on refusa de l'y ad-
mettre. Dans sa disgrâce, toutefois, comme il avait
su, par des voies indirectes, se ménager la bien-
veillance de de Luynes, il fut traité avec certains
égards ; ce fut lui qu'on appela à négocier avec la
cour sur la substance des paroles qui seraient échangées entre la reine mère et son fils dans leur dernière entrevue, et il nous apprend lui-même, dans
ses Mémoires, qu'avant de prendre le parti d'accom-
pagner Marie de Médicis dans sa retraite, il en avait
sollicité et obtenu du roi la permission.

Louis XIII et son favori, après le premier enivre-
ment du triomphe, ne tardèrent pas à être effrayés
eux-mêmes de la hardiesse de la position prise par
eux vis-à-vis de la reine mère. Ils craignaient sans
cesse un retour de l'opinion publique en sa faveur ;
ils craignaient les intrigues et les menées des mécontents, qui ne manqueraient pas de se rallier
autour de cette reine en butte à la persécution.
Ils prenaient ombrage des hommes de valeur qui
pouvaient l'éclairer de leurs conseils et la diriger.
A ce titre, on se défiait de l'évêque de Luçon. Malgré
sa résignation apparente et les lettres rassurantes
qu'il écrivait de Blois pour protester que la reine

mère vivait paisible dans sa retraite, sans garder
aucun souvenir fâcheux des choses passées, il reçut
l'ordre de s'éloigner de Marie de Médicis ; et il se
retira dans un prieuré qui lui appartenait près de
Mirebeau, en Poitou, « voulant, disait-il, se renfer-
mer avec ses livres, et s'occuper, suivant sa profes-
sion, de combattre l'hérésie. » Il fit, en effet, bientôt
paraître un livre où il paraissait tout absorbé dans
la controverse théologique. Ce livre, où il traitait
« de la défense des principaux points de la foi de
l'Église catholique, » était par lui dédié au roi, fils
aîné de l'Église. Il édifiait vers le même temps les
âmes pieuses, en publiant un ouvrage de haute
dévotion : *la Perfection du chrétien.*

IX,

Soupçons et animosité de Louis XIII contre sa mère.

Une anecdote racontée par Bassompierre, dans
ses Mémoires, prouve tout à la fois la frivole éducation du jeune roi qui, à seize ans, gouvernait la
France en maître absolu, et les funestes impressions
que son entourage lui avait données relativement
à sa mère : « Un jour, dit Bassompierre, je le louais
de ce qu'il était fort propre à tout ce qu'il voulait
entreprendre, et que n'ayant jamais été montré à
battre du tambour, il y réussissait mieux que les

autres; il me dit : « Il faut que je me remette à jouer du cor de chasse, ce que je fais fort bien, et veux être tout un jour à sonner. » Et comme Bassompierre l'en dissuadait, en lui citant l'exemple de Charles IX, qui, par un semblable exercice, avait délabré sa poitrine et hâté sa mort : « Vous vous trompez, répliqua le roi, ce n'est pas cela qui le fit mourir; c'est qu'il se mit mal avec la reine Catherine, sa mère, et que, l'ayant quittée, il consentit à se rapprocher d'elle; s'il ne l'eût pas fait, il ne serait pas mort sitôt. »

Sous l'influence de semblables pensées, la cour multiplia les rigueurs contre Marie de Médicis. On jugea que l'évêque de Luçon, à Mirebeau, était encore trop à portée de lui donner ses avis; il lui fut enjoint de se retirer à Avignon, qui faisait partie des États du pape. Le château de Blois qu'habitait la reine mère devint pour elle une véritable prison. On éloigna d'elle ses serviteurs dévoués; on l'environna d'espions qui livraient au sieur de Luynes le secret de tous ses actes et de ses pensées. Quelques-uns de ses amis, enfermés à la Bastille, eurent toutes facilités pour lui écrire; mais leurs lettres, ainsi que les réponses de la reine où il était question de vœux et d'espoir de délivrance, étaient mises sous les yeux du favori, et devinrent le fondement d'un procès criminel qui amena la condamnation de quelques gentilshommes au bannissement ou à la détention perpétuelle. Impliqués dans ce prétendu complot pour des pamphlets en faveur de Marie de Médicis, deux malheureux écrivains furent rompus vifs et brûlés en place de Grève. En vain la reine mère s'était-elle adressée directement à son fils pour l'émouvoir par le tableau des mauvais traitements et des avanies auxquels elle était en butte; on exigea d'elle des soumissions et des promesses blessantes pour son honneur, qu'elle dut remettre par écrit au confesseur du roi; elle n'obtint en retour aucun adoucissement à son sort. Les choses furent poussées à ce point, que le prince de Piémont ayant demandé la main d'une de ses filles, la princesse Christine, le mariage fut résolu, sans que la reine mère eût même été consultée.

X.

Évasion de la reine mère. — Réconciliation.

Tant d'affronts et de rigueurs essuyés pendant dix-huit mois avaient fini par exciter la compassion du peuple en faveur de cette femme si malheureuse, et comme reine et comme mère. D'un autre côté, les grands seigneurs commençaient à supporter impatiemment la faveur du sieur de Luynes, et voyaient avec jalousie les plus hautes charges et les honneurs de tout genre accumulés dans cette famille. Le favori recherchait alors pour lui-même,

et obtint bientôt l'épée de connétable, la première
de toutes les dignités militaires. Une ligue se forma
pour renverser de Luynes et rendre à Marie de
Médicis sa liberté et son ancien pouvoir. Le duc
d'Épernon, puissant seigneur, investi des plus hauts
commandements, qui traitait d'égal à égal avec le
roi, et qui, par son caractère fier et résolu, entraînait une grande partie de la turbulente noblesse de
cette époque, se mit à la tête de l'entreprise. Elle
fut conduite avec beaucoup de prudence et de mystère. Dans la soirée du 22 février 1619, des échelles
furent dressées contre les hautes murailles du château de Blois. La reine se confia à celle qui, de sa
fenêtre, descendait sur la terrasse du château, mais
là, elle fut prise d'un vertige, et il fallut, pour lui
faire atteindre le bas du rempart, l'envelopper dans
un manteau et la faire glisser comme un paquet.
Un carrosse l'attendait dans un faubourg voisin; en
quelques heures la reine mère fut à Loches, sous la
protection du duc d'Épernon et de la petite armée
qu'il avait rassemblée.

La cour, alarmée de cette évasion, arma et négocia
tout à la fois. Elle songea à tirer de son exil l'évêque
de Luçon, afin que, de retour auprès de la reine
mère, il opposât du moins sa prudence à la politique
aventureuse du parti à qui cette reine devait sa délivrance. Il travailla en effet avec ardeur à un
accommodement entre le fils et la mère. L'entrevue

préparée par ses soins eut lieu dans un château
près de Tours. Il y eut de part et d'autre beaucoup
d'attendrissement; on raconta que la reine mère
s'était écriée : « Mon Dieu ! mon fils, que je vous
trouve grandi ! » Le roi lui répondit : « Ma mère,
j'ai crû pour votre service. » Mais ce rapprochement fut de courte durée. Marie de Médicis, qui
n'avait pas suivi le roi à Paris, et s'était retirée dans
son gouvernement d'Anjou, eut bientôt à se plaindre de nouvelles rigueurs exercées contre ses plus
fidèles amis, et d'allusions blessantes, dans des dé-
clarations officielles du roi, aux événements passés
pour lesquels elle avait été traitée en criminelle
d'État. D'un autre côté, la cour était agitée par mille
intrigues; de plus en plus irrités contre le favori,
les grands seigneurs se retiraient dans leurs terres
et prenaient une attitude menaçante; le parti protestant armait aussi pour se tenir en garde contre
une attaque qu'il redoutait de la part du jeune roi.
Le duc d'Épernon, se déclarant hautement pour
Marie de Médicis, et secondé par les chefs protestants, les ducs de Rohan et de La Trémouille, se mit
en pleine révolte; mais le sort des armes ne lui fut
pas favorable. Louis marcha en personne contre
les rebelles, et força facilement le passage de la
Loire, qu'ils essayèrent de lui disputer au pont de
Cé. Il ne voulut pas pousser trop loin ses avantages
contre sa mère; et l'évêque de Luçon, entrant avec

habileté dans les dispositions conciliantes du roi, contribua puissamment à un accommodement définitif qui fut accepté de la reine et de tous ceux de son parti. Le roi, pour mieux cimenter cette réconciliation, fit publier une déclaration par laquelle il reconnaissait « que tout ce qu'avaient fait sa mère et ceux qui s'étaient joints à elle, n'avait eu d'autre but que le bien de son État. » Une entrevue eut lieu à Brissac entre la mère et le fils, et tous deux s'y donnèrent avec effusion les marques de la plus vive tendresse.

Le duc de Luynes avait conservé toute la faveur du roi : Richelieu, plus que jamais, possédait celle de la reine mère ; il n'en usait que pour diriger cette princesse dans une ligne de conduite d'accord avec la politique et les intérêts du souverain. Il avait marié une de ses nièces avec un neveu du duc de Luynes ; entre ce favori et l'évêque de Luçon le rapprochement paraissait intime. Au fond, cependant, de Luynes se défiait de cet homme dont le génie était au-dessus de l'ordinaire ; il eût craint de trop l'élever. Richelieu en eut bien la preuve dans la recherche qu'il fit alors du chapeau de cardinal. Il s'appuyait sur ses services comme conseiller de la reine mère et négociateur de la paix ; il avait pour lui les instantes demandes de cette princesse, et l'appui même du roi qui avait ostensiblement envoyé des instructions à cet égard à son ambassadeur à Rome. Cependant le pape résistait toujours. L'ambassadeur eut le mot de l'énigme, lorsque enfin, trop vivement pressé, le pape lui montra une lettre de la main même du roi qui mettait opposition à ce que l'évêque de Luçon fût nommé cardinal. Celui-ci était obligé de dissimuler son ressentiment, « car la puissance du duc de Luynes, comme il le dit lui-même, était alors si grande qu'elle ne permettait pas une défense ouverte. »

XI.

Siége de Montauban. — Mort du duc de Luynes.

Louis XIII, qui avait hérité quelque chose de l'ardeur martiale de son père, et le duc de Luynes, impatient de prouver qu'il pouvait porter dignement l'épée de connétable, s'empressèrent de saisir l'occasion de quelques troubles survenus dans le Midi pour entrer en campagne contre les protestants. Cette guerre, signalée d'abord par le succès des armes royales et par de cruelles exécutions contre plusieurs villes du Languedoc, obligées de se rendre à merci, aboutit, en novembre 1621, à un grave échec sous les murs de Montauban. Cette place importante, l'un des principaux boulevards de la ligue protestante, se défendit avec toute l'énergie du désespoir. L'armée royale, outre les pertes sensibles

qu'elle faisait chaque jour par le feu de l'ennemi,
s'affaiblissait encore par les maladies, et il fallut
enfin lever le siége. Pendant que le connétable
cherchait à rétablir sa réputation militaire par la
prise d'une petite place du voisinage, Monheurt, il
fut atteint d'une fièvre qui l'emporta en quelques
jours. Cette mort fut un grand événement. Elle
laissait sans direction un roi de vingt ans, né pour
subir la domination d'un habile favori ou d'un sage
conseiller; elle ouvrait la lice à quiconque se sentait l'ambition et la force de s'imposer au souverain, et de gouverner en son nom l'État.

XII.

Habile conduite de Richelieu. — Sa rentrée aux affaires.

Tout se passa d'abord en obscures intrigues, qui
firent successivement arriver au conseil quelques
hommes médiocres, et dont l'histoire nous a conservé à peine les noms; ce qu'il y avait de plus sail-
lant dans leur politique, c'était l'attention soutenue
à écarter autant que possible de la direction des
affaires la reine mère, et surtout son conseiller,
l'évêque de Luçon. Marie de Médicis, à cette époque,
docile aux avis de Richelieu, se conduisait avec une
grande prudence, et s'appliquait à maintenir entre
elle et son fils une harmonie parfaite. Elle se tenait

habilement en dehors de toutes les cabales et savait éconduire les ambitions particulières qui auraient voulu se fortifier de son appui. Richelieu, de son côté, dissimulait avec art le plus ardent de ses vœux ; il ne paraissait pas s'apercevoir des ombrages qu'il donnait, et mettait ostensiblement toute son ambition à se pousser par le crédit de la reine mère aux dignités ecclésiastiques. Il savait bien qu'à cette époque elles aplanissaient singulièrement la route du pouvoir aux esprits d'une certaine portée. En 1622, il obtint enfin le chapeau de cardinal. Louis, qui l'avait aidé franchement cette fois à devenir prince de l'Église, n'avait aucunement le goût de lui ouvrir l'entrée du conseil ; il manifestait même pour lui un éloignement prononcé. « Cet homme, disait-il un jour à la reine mère, je le connais mieux que vous, madame ; il est d'une ambition démesurée. »

Cependant l'habileté et la patience du cardinal usèrent enfin tous les obstacles. Il vint un jour où le surintendant des finances, le marquis de La Vieuville, qui jouissait alors de la confiance du roi, après avoir renversé plusieurs de ses collègues, et ne se sentant pas de force à lutter seul contre les nombreux ennemis qu'il s'était faits, songea à se donner l'appui de la reine mère, en offrant à son conseiller intime une place de secrétaire d'État.

Après avoir été tenu pendant sept ans éloigné du

pouvoir, Richelieu allait donc le ressaisir, à l'âge de trente-neuf ans, quand son expérience était formée aux difficiles affaires, et son esprit dans toute sa force. Mais loin de laisser percer sa joie, il la dissimula avec trop d'affectation peut-être ; il se plaignait de trouver le marquis de La Vieuville bien pressant ; il lui objectait son goût pour la retraite, pour les études paisibles ; il alléguait sa santé qui lui rendait nécessaire l'air de la campagne, qui ne saurait s'accommoder de la multitude des visites à recevoir, et qui ne lui permettrait pas de se tenir longtemps debout, suivant l'étiquette, dans la chambre du roi. Il se rendit enfin pourtant, mais comme un homme qui donnait une grande marque de renoncement à ses propres intérêts, et se sacrifiait véritablement au service du roi (26 avril 1624).

XIII.

Politique nouvelle. — Occupation de la Valteline.

Richelieu n'eut d'abord qu'une portion du ministère des affaires étrangères, et il soutint encore quelque temps dans le conseil le rôle de modestie qu'il s'était imposé ; néanmoins sa dignité de prince de l'Église dont il ne négligea pas de réclamer les priviléges, et bien plus encore sa vaste et forte intelligence en firent bientôt le personnage le plus considérable du cabinet. Le marquis de La Vieuville, homme sans valeur, d'un caractère violent et tracassier, et qui ne ménageait pas même le roi dans ses propos inconvenants, ruinait à plaisir son crédit. Richelieu n'eut garde de lui venir en aide : au contraire, il s'entendit avec le roi pour amener la chute de ce ministre, qui fut immédiatement arrêté et enfermé au château d'Amboise, sous le poids d'une accusation vague de malversations (12 août 1624).

Le crédit de Richelieu grandissait chaque jour ; les courtisans, ou s'en indignaient, ou s'accommodaient de manière à en tirer parti. On raconte que le duc d'Épernon, descendant un jour le grand escalier du Louvre, rencontra un des seigneurs dévoués à la fortune du cardinal, qui lui demanda familièrement s'il ne savait pas quelque nouvelle : « Oui, lui répondit d'Épernon : vous montez et je descends. »

Dès qu'il sentit le pouvoir s'affermir dans ses mains, Richelieu porta son regard profond sur l'état de l'Europe et sur les périls qui pouvaient en sortir pour la France. A cette époque, la puissante maison d'Autriche avait par des accroissements successifs rompu l'équilibre européen : par l'une de ses branches, elle tenait l'Espagne, le Portugal, Naples et le Milanais, les Pays-Bas, l'Amérique enfin qui l'alimentait des riches produits de ses mines ; par son autre branche elle possédait l'Autriche, la

Bohême, la Hongrie et l'empire d'Allemagne. Depuis un siècle, la France luttait péniblement pour contenir cette puissance colossale, et n'en être pas écrasée. Quand Richelieu arriva aux affaires, l'empereur d'Allemagne Ferdinand, à la suite d'éclatantes victoires remportées sur les princes protestants d'Allemagne ligués contre lui, était en mesure de dominer tout le nord de l'Europe. De son côté, le roi d'Espagne, Philippe IV, cherchait à donner la main à la puissance autrichienne, en s'étendant au pied des Alpes vers le Tyrol ; pour cela, comme possesseur du Milanais, il élevait des prétentions sur la Valteline, grande et riche vallée dépendante des ligues suisses. Ce fut la première affaire de haute importance que Richelieu eut à résoudre. La cour de Madrid avait suscité dans la Valteline des troubles à la suite desquels le parti catholique victorieux avait appelé les Espagnols à son aide. La France et la Savoie avaient fait entendre à ce sujet de pressantes réclamations. Le pape Urbain VIII s'était porté médiateur, mais tenait une conduite ambiguë. En dernier lieu, l'ambassadeur de France, dans une longue dépêche, énumérait toutes les difficultés de cette affaire. Le cardinal ne lui répondit que ces mots : « Le roi a changé de conseil, et le ministère de maxime. On enverra une armée dans la Valteline, qui rendra le pape moins incertain, et les Espagnols plus traitables. » En effet, une armée, commandée par le marquis de Cœuvres, pénètre rapidement dans la Valteline, s'empare en quelques jours des forteresses occupées par les troupes du saint-siége, et arrête les Espagnols tout étonnés de se heurter contre une politique désormais si ferme et si résolue. Richelieu chargea les envoyés de France de faire comprendre au pape : « Que tout avait été fait pour le bien de la chrétienté et celui du saint-père lui-même. »

L'attention que le ministre donnait d'une façon si remarquable aux affaires extérieures était à chaque instant péniblement ramenée vers les choses de l'intérieur, où se montraient à découvert deux causes profondes de faiblesse et de malheurs publics, les cabales des grands seigneurs, et les révoltes incessantes du parti protestant.

A la cour du jeune roi, le trouble et la résistance aux vues de la politique procédaient d'une part du défaut d'harmonie dans le ménage royal, et de l'autre d'une opposition factieuse qui s'organisait visiblement autour du frère même du roi, Gaston, alors duc d'Anjou.

XIV.

La reine Anne d'Autriche.

Louis XIII n'avait encore que quatorze ans, lorsqu'il épousa, en 1615, l'infante d'Espagne, fille de

1   c

Philippe III, Anne-Marie d'Autriche. Cette princesse, du même âge que Louis, réunissait tous les charmes propres à captiver un jeune époux. Mme de Motteville, qui passa toute sa vie attachée à la maison et dans l'intimité d'Anne d'Autriche, a tracé ainsi le portrait de cette reine, à l'époque de sa maturité :

« Elle est grande et bien faite; elle a une mine douce et majestueuse qui ne manque jamais d'inspirer dans l'âme de ceux qui la voient l'amour et le respect; elle a été l'une des plus grandes beautés de son siècle, et présentement il lui en reste assez pour en effacer des jeunes qui prétendent avoir des attraits. Ses yeux sont parfaitement beaux; le doux et le grave s'y mêlent agréablement. Sa bouche est petite et vermeille, et la nature lui a été libérale de toutes les grâces dont elle avoit besoin pour être parfaite.... Toute sa peau est d'une égale blancheur et d'une délicatesse qui ne se sauroit jamais assez louer; son teint n'est pas de même, il n'est pas si beau, et la négligence qu'elle a pour sa conservation, ne mettant jamais de masque, ne contribue pas à l'embellir. Son nez n'est pas si parfait que les autres traits de son visage : il est gros ; mais cette grosseur ne sied pas mal avec de grands yeux, et il me semble que s'il diminue sa beauté, il contribue du moins à lui rendre le visage plus grave. Toute sa personne pouvoit enfin mériter de grandes louanges ; mais je crains d'offenser sa modestie et la mienne, si j'en parlois davantage ; c'est pourquoi je n'ose pas seulement dire qu'elle a le pied fort beau, petit et fort bien fait. »

Malgré tant d'attraits, il est avéré qu'Anne d'Autriche, dans les premières années de son mariage, ne rencontra chez le jeune roi qu'une complète indifférence ; et quand plus tard l'intimité conjugale se fut établie entre eux, elle fut souvent troublée par des querelles d'intérieur dont la jalousie de l'époux fut le principal motif.

Négligée par Louis, dès son arrivée à la cour, en butte aux tracasseries de l'impérieuse Marie de Médicis, qui redoutait de lui voir prendre de l'ascendant sur son fils, Anne d'Autriche avait pour tout dédommagement et pour tout plaisir l'amitié et la société habituelle de la duchesse de Luynes, qui fut depuis, par un second mariage, la duchesse de Chevreuse. Cette jeune femme, belle, vive, amie du plaisir, égayait la reine par ses saillies ; on la lui avait donnée pour surintendante de sa maison ; elles passaient ensemble le temps en causeries malicieuses et en toutes sortes de jeux. Il arriva même un jour que la jeune reine, en poursuivant sa favorite, fit une chute et vit s'évanouir les espérances de maternité qu'un commencement de grossesse lui donnait alors. Le roi, dans son mécontentement, retira à la duchesse sa charge de surintendante, et voulut qu'elle quittât le Louvre. Elle continua cependant à fréquenter la cour où des mémoires contemporains prétendent qu'elle jouait double jeu, prodiguant, mais en pure perte, ses agaceries au jeune roi, et s'efforçant d'inspirer à Anne d'Autriche des désirs de liberté et le goût du plaisir.

XV.

Passion du duc de Buckingham pour Anne d'Autriche.

Cependant la beauté de la reine lui attirait les hommages, même indiscrets, de quelques seigneurs; elle en riait avec sa confidente; le roi y trouvait des raisons de mauvaise humeur et de jalousie. Parmi les passions qu'Anne d'Autriche inspira, aucune n'eut plus d'éclat que celle de George Villiers, duc de Buckingham, favori de Charles Ier, qui était venu en France comme ambassadeur, à l'occasion du mariage du jeune roi d'Angleterre avec la princesse Henriette, une des filles de Marie de Médicis. Buckingham, beau, élégant, magnifique, plein de confiance en lui-même et de hardiesse auprès des dames, s'éprit d'Anne d'Autriche à la première vue, et étonna la cour de France par les manifestations audacieuses de son amour. Dans son pays on l'accusa, non sans raison, d'avoir subordonné des questions de paix ou de guerre entre les deux peuples aux plus ou moins grandes facilités

que l'une ou l'autre lui donnerait pour revenir en
France comme négociateur, et pour revoir la reine,
objet de sa passion. Un soir, à la promenade, dans
un jardin, auprès d'Amiens où la cour avait accompagné la princesse Henriette, Buckingham, donnant le bras à la reine, poussa si loin ses témérités,
que celle-ci fut obligée d'appeler près d'elle son
écuyer. Quelques jours après, sur le point de s'em-
barquer, il prétexte des dépêches importantes reçues
de Londres, revient sur ses pas, fait mine d'entretenir quelques instants la reine mère d'intérêts politiques, puis pénètre dans la chambre d'Anne d'Autriche qui était couchée, s'agenouille au pied de
son lit, baise ses draps avec transport, et rend la
reine tout interdite de l'extravagance de ses démonstrations d'amour. « La comtesse de Launoy,
alors dame d'honneur de la reine, sage, vertueuse
et âgée, qui était au chevet de son lit, ne voulant
point souffrir que ce duc demeurât dans cet état,
lui dit avec beaucoup de sévérité que ce n'était point
la coutume en France, et voulut le faire lever ; mais
lui, sans s'étonner, combattit contre la vieille
dame, disant qu'il n'était pas Français, et qu'il
n'était pas obligé d'observer toutes les lois de l'É-
tat. »

La jeune reine, flattée au fond d'inspirer de si
vifs sentiments à un si brillant cavalier, et familia-
risée, par son éducation espagnole, avec les formes

d'une galanterie romanesque, souffrait avec trop
d'indulgence toutes ces folies du duc de Buckingham. Mais Louis XIII, à qui le récit en fut fait avec
des commentaires peu favorables à la reine, prit
fort mal la chose, se plaignit amèrement, et chassa
quelques-uns des domestiques qui avaient assisté
aux scènes rapportées plus haut. Le dépit d'Anne
d'Autriche, excité par la duchesse de Chevreuse, ne
s'arrêtait pas au roi son époux ; elle avait pris aussi
en aversion, de même que sa favorite, le cardinal
de Richelieu, comme créature de la reine mère,
et comme fortifiant la résolution du roi dans les
mesures de rigueur qu'il prenait contre elle ; toutes
deux mettaient leur plaisir à railler le cardinal et à
chercher les occasions de contrarier ses desseins.
Cela allait, de la part de la duchesse de Chevreuse,
« jusqu'à forcer la reine à penser à Buckingham,
lui parlant toujours de lui, et lui ôtant le scrupule
qu'elle en avait par la raison du dépit que cela causait au cardinal de Richelieu. »

Les pamphlets du temps ont beaucoup accusé cet
homme d'État d'avoir lui-même conçu une audacieuse passion pour la reine, et de l'avoir persé-
cutée ensuite pour venger son amour repoussé avec
mépris. Mme de Motteville, dont on estime la sincé-
rité, se montre peu disposée à croire à cet amour
manifesté par de la haine. « Mais, ajoute-t-elle, la
reine m'a conté un jour qu'il lui parla d'un air trop

galant pour un ennemi, et qu'il lui fit un discours fort passionné ; mais qu'ayant voulu lui répondre avec colère et mépris, le roi dans ce moment était entré dans le cabinet où elle était, qui par sa présence interrompit sa réponse ; que, depuis cet instant, elle n'avait jamais osé recommencer cette harangue, craignant de lui faire trop de grâce, en lui témoignant qu'elle s'en souvenait. »

XVI.

Gaston, duc d'Orléans. — Ses menées ambitieuses.

Une cause plus sérieuse de soucis pour le cardinal était dans le foyer d'intrigues alimenté autour de Gaston par les grands seigneurs jaloux et mécontents. Ce jeune prince, malheureusement né, annonçait dès le début de sa carrière un esprit vaniteux et brouillon qui se transforma bientôt en une ambition opiniâtre, sans courage dans la lutte, sans dignité dans la défaite. La petite cour qui l'entourait le flattait de la perspective du trône qui depuis sept ans n'avait pas encore d'héritier direct ; on l'animait contre Richelieu, comme si ce ministre le dépouillait de la légitime influence qu'il devait avoir sur la direction des affaires ; et les hommes qui l'associaient ainsi à leurs intérêts ou à leurs rancunes, étaient les plus grands noms de France :

le duc de Vendôme et son frère le grand prieur, fils naturel d'Henri IV; le comte de Soissons, prince du sang; le maréchal duc de Montmorency.

Après eux venaient : d'Ornano, ancien colonel des Corses, alors maréchal de France et qui gouvernait Gaston; le jeune comte de Chalais, un des grands officiers du palais et fort avant dans les bonnes grâces de Louis XIII; enfin une foule de gentilshommes, offusqués de la puissance de Richelieu, et qui ne lui pardonnaient pas les réformes qu'il apportait dans les finances et la suppression des grosses pensions dont les avait gratifiés un gouvernement dilapidateur. Toute cette noblesse était encore animée contre Richelieu par la reine et par de hautes et galantes dames de la cour, la duchesse de Chevreuse et la princesse de Condé.

Ce ne furent d'abord que des intrigues de ruelle : d'audacieuses causeries où, sur un ton frivole, on discutait l'opportunité et les chances des plus graves attentats. Il fallait, à tout prix, se défaire du ministre qui faisait obstacle à l'ambition et aux convoitises de chacun; on essayerait de le renverser, en intimidant le faible Louis XIII, et si l'on n'en venait à bout de cette manière, l'on s'en débarrasserait par l'assassinat. Dans ces conciliabules, on allait jusqu'à mettre en question la couronne et la personne même du roi; on parlait de sa déchéance, de sa reclusion dans un couvent, d'un divorce entre

Anne d'Autriche et lui, parce qu'il semblait impropre à donner au trône un héritier ; et enfin, du mariage de la reine divorcée avec Gaston.

Le fait qui avait fourni à toutes ces haines, à toutes ces velléités de troubler la famille royale et l'État l'occasion d'éclater, c'était le projet de marier Gaston avec Mlle de Montpensier, princesse immensément riche et alliée à la famille des Guise. Ce projet émanait de Marie de Médicis ; il avait eu l'assentiment du cardinal de Richelieu qui l'avait fait approuver du roi. Mais Gaston ne voulait pas donner au roi et à ses conseillers cette marque de sa déférence ; et d'ailleurs la petite cour qui l'entourait, hostile à ce projet qui contrariait à différents points de vue les intérêts de plusieurs, ne cessait de l'exciter à la résistance et d'irriter son orgueil. Les choses en vinrent à prendre les caractères d'une conspiration. On fit des ouvertures, en prévision d'une révolte déclarée, aux ambassadeurs étrangers ; on songea à s'assurer le secours de l'Espagne, de la Savoie, et même à s'appuyer dans le midi sur les huguenots, toujours prêts à courir aux armes.

Richelieu voyait se former l'orage ; il savait les menées de ses ennemis ; mais il ne tenait pas encore les fils de la conspiration. Cependant d'Ornano lui parut assez dangereux et assez compromis pour frapper sur lui le premier coup. D'Ornano devait à

Richelieu la dignité de maréchal, et il travaillait de toutes ses forces à miner la puissance de son protecteur. Personne plus que lui n'avait d'empire sur Gaston, et il ne s'en servait que pour exciter son ambition, sa jalousie, que pour le porter à réclamer un opulent apanage, une place privilégiée dans le conseil, une large part dans le gouvernement. Louis XIII entra facilement dans les vues de son ministre à l'égard d'un tel homme; un soir, la cour étant à Fontainebleau, le maréchal d'Ornano fut tout à coup, au milieu d'un souper, arrêté par ordre du roi et conduit à Vincennes.

A cette nouvelle, l'émoi fut grand dans la petite cour de Gaston. Lui-même, dans son premier mouvement, qui fut celui d'une violente colère, alla droit à Richelieu, et lui dit d'un ton courroucé : « Est-ce vous qui avez osé donner cet avis au roi? — C'est moi, » lui répondit froidement Richelieu. Le prince alors éclata en injures. Quelques jours étaient à peine écoulés qu'il s'inclinait avec une humilité abjecte devant le cardinal et souscrivait à tout pour rentrer en grâce auprès de lui et auprès du roi. Il jura sur l'Évangile : « D'aimer et affectionner ceux qui aimeront le roi et la reine mère.... Et de ne point taire au roi les moindres discours de ceux qui voudront lui donner des ombrages du roi et de ses conseils. » Il approuva l'emprisonnement du malheureux d'Ornano qui s'était perdu à son service; mais il dit quelques paroles pour le recommander à la clémence du roi.

XVII.

Conspiration et mort du comte de Chalais.

Richelieu, nonobstant cette première victoire, n'était pas sans défiance sur la solidité de l'appui que Louis lui prêtait, et il voulait de nouvelles et plus fortes garanties avant de pousser plus loin ses rigueurs. Il se montra auprès du roi et de la reine mère triste et comme découragé en présence de tant de haines animées à sa perte. Il manifesta un vif désir de rentrer dans la retraite, et supplia qu'on lui permît de laisser là les affaires et les grandeurs. Louis, alarmé de ces démonstrations, insista vivement pour le retenir; il lui prodigua les promesses de veiller à sa sûreté, et de le défendre lui-même contre ses ennemis. Il lui écrivit de sa propre main ces mots : « MONSIEUR et beaucoup de grands vous en veulent à mon occasion; mais assurez-vous que je vous protégerai contre qui que ce soit..... Assurez-vous que je ne changerai jamais, et que quiconque vous attaquera, vous m'aurez pour second. » Richelieu dès lors ne parla plus de retraite, et il eut, par ordre du roi, pour la garde de sa personne, une compagnie de mousquetaires.

Fort d'une telle solidarité entre le souverain et lui, Richelieu résolut d'aller frapper les conspirateurs si haut qu'ils fussent placés. Les frères naturels du roi, le duc de Vendôme et le grand prieur, furent attirés à la cour et tout à coup saisis et enfermés au château d'Amboise. Plusieurs personnages considérables furent en outre arrêtés et jetés en prison, ou contraints de fuir à l'étranger. Après un premier moment de terreur, de nouvelles intrigues se nouèrent autour de Gaston ; le désir de la vengeance ravivait toutes les haines contre le cardinal. Une prise d'armes fut résolue, et le comte de Chalais se mit étourdiment à la tête du complot. Ce jeune seigneur, d'un esprit léger et remuant, compromis une première fois dans des pourparlers qui pouvaient aboutir à un attentat contre la vie de Richelieu, était allé, assure-t-on, s'en accuser auprès du cardinal lui-même et en avait été pardonné. Son nouveau complot fut bientôt révélé à Richelieu qui cette fois ne se piqua point de clémence. Le comte de Chalais fut arrêté à Nantes, et une commission instituée pour lui faire son procès ; l'affaire s'instruisit avec une extrême rigueur. Il fut déclaré coupable du crime de lèse-majesté et condamné à perdre la tête sur l'échafaud. Son supplice fut atroce : par une déplorable fatalité, ses amis avaient, à prix d'argent, fait évader les deux bourreaux en titre ; il n'en fut pas moins livré à un

misérable, condamné lui-même à mort, qui, pour
se sauver de la potence, accepta l'office de bourreau. Cet homme ne porta à la victime que des
coups mal assurés avec une mauvaise épée et un
couperet de tonnelier ; ce ne fut qu'au trente-
deuxième coup que la tête fut séparée du tronc ;
jusqu'au vingtième, le malheureux patient ne cessa
de faire entendre ses gémissements (19 août 1626).
Ornano, dont le procès s'instruisait en même
temps, malade au donjon de Vincennes, s'attendait
à un sort semblable. Quand il apprit le supplice
affreux de Chalais, l'émotion qu'il en ressentit dé-
termina sa mort.

Pendant que périssaient ainsi deux hommes qui
s'était dévoués à sa fortune, Gaston qui ne les
avait pas épargnés dans ses dépositions devant le
conseil, épousait la princesse de Montpensier, et
recevait de la munificence royale les duchés d'Orléans et de Chartres et le comté de Blois, en apanage, avec de magnifiques revenus.

Tout pliait devant le redoutable ministre ; la
reine elle-même fut obligée de s'avouer vaincue.
Dans les dispositions où elle était vis-à-vis du roi et
du cardinal, elle avait facilement pris part à cette
insurrection de palais contre le mariage que la
politique imposait au jeune frère du roi. Elle avait
à empêcher ce mariage un intérêt d'amour-propre
comme femme et comme reine ; intérêt qu'elle dis-

simulait à peine. Elle craignait que la femme de
Monsieur, venant à être mère, ne jouît à la cour
de plus de considération et de crédit qu'elle-même;
cela, joint aux propos audacieux que des courtisans
étourdis répétaient autour d'elle, accrédita l'opinion
qu'elle nourrissait des espérances et des desseins
odieux. On supposa que se fondant sur le dire de
certains astrologues qui prédisaient que le roi ne
vivrait pas longtemps, elle entretenait l'espoir de
se remarier avec Monsieur, et de conserver ainsi sa
couronne de reine. Ces imputations étaient ap-
puyées, disait-on, sur des révélations de l'infortuné
comte de Chalais qui, en effet, pour sauver sa tête,
avait un instant mêlé le nom de la reine au complot dont on l'accusait d'être le principal auteur.
Sur l'échafaud, il s'était rétracté ; il avait chargé
son confesseur de rétablir la vérité des faits et de
déclarer hautement l'innocence de la reine. Cependant les rancunes de son ombrageux époux ne
l'épargnèrent pas. Son amie, la duchesse de Chevreuse, fut décrétée de prise de corps comme im-
pliquée dans l'affaire du comte de Chalais dont elle
recevait les hommages ; elle s'enfuit en Lorraine.
Anne d'Autriche elle-même fut mandée dans la
chambre du roi, et là, en présence de la reine
mère et du cardinal, Louis l'apostropha rudement
et lui reprocha, entre autres choses, d'avoir nourri
l'espoir de le voir bientôt mourir et de devenir par

un second mariage l'épouse du duc d'Orléans.
Anne d'Autriche indignée se redressa de toute sa
hauteur et répliqua au roi avec dédain : « Que de
Louis à Gaston, il y avait trop peu à gagner au
change. » Il s'ensuivit une scène d'explications
très-vive ; et ordre fut intimé à la reine « de ne recevoir désormais chez elle aucun homme qu'en la
présence du roi. » Isolée à la cour, la malheureuse
Anne d'Autriche ne put longtemps soutenir une
lutte trop inégale, et elle finit par se prêter à un
semblant de réconciliation avec le roi et son ministre.

Si les courtisans furent terrifiés de la vigueur
impitoyable avec laquelle Richelieu tranchait le
nœud de leurs intrigues, les vrais citoyens ne purent qu'applaudir à l'usage qu'il s'empressa de
faire de sa victoire. Le sol de la France était couvert
de petites villes et de châteaux fortifiés, qui ne
pouvaient rien pour la défense du royaume contre
les armées étrangères, mais qui servaient incessamment de points d'appui à une oligarchie factieuse et de places d'armes à la guerre civile. Les
États de Bretagne avaient demandé la démolition
de toutes ces forteresses et de tous ces donjons dans
l'étendue de leur province. Richelieu saisit l'occasion et fit bien plus ; il étendit cette énergique
mesure à tout le pays. Une ordonnance du 31 juillet 1626 prescrivit que les fortifications des villes et

châteaux jugés inutiles à la défense du royaume
fussent rasées. Richelieu, ce grand niveleur, au
service de l'ordre et de la force monarchiques,
abattait ainsi la dernière tête de la féodalité politique. Le peuple en cela le comprit, et ce fut une
grande joie par toute la France que de voir ainsi
condamnées à la ruine ces citadelles du privilége et
de l'oppression. L'exécution de cette grande mesure
avait été habilement laissée aux provinces et aux
municipalités. De toutes parts l'élan fut immense;
pour faire tomber sous le marteau ces remparts dé-
testés les bras arrivaient par milliers, et, comme le
dit un historien, « les villes coururent aux citadelles, les campagnes aux châteaux, chacun à sa
haine. »

La constitution de l'unité politique du royaume,
cette œuvre capitale à laquelle Richelieu appliquait
surtout son génie, rencontrait à chaque pas des
obstacles; chaque institution, à cette époque, semblait organisée en vue du morcellement et de l'éner-
vation de l'autorité royale. Les gouverneurs des
provinces et même ceux d'un grand nombre de
villes s'étaient, en quelque façon, substitués aux
anciens ducs et comtes, et avaient rétabli une
sorte de féodalité toujours incommode et souvent
dangereuse pour le pouvoir central. Investis de la
plupart des attributs de la souveraineté, ils avaient
souvent marchandé aux rois de France leur sou-

mission et montré plus d'une fois des arrière-pensées de scission et d'indépendance. Le cardinal, pendant toute son administration, s'attacha à ramener les gouverneurs des provinces et des villes à leur rôle de mandataires directs de la royauté. Le duc de Vendôme, lors de son arrestation, avait le gouvernement d'une grande et importante province, la Bretagne ; Richelieu ne permit pas qu'elle rentrât jamais sous son autorité, et il fit donner ce gouvernement à un vieux capitaine sur l'obéissance duquel le roi pouvait compter. Le gouvernement de Brest, la propriété de Belle-Ile furent rachetés aux grandes familles qui tenaient ces fortes positions ; elles furent dès lors confiées à de plus modestes, mais plus fidèles serviteurs.

XVIII.

Ligue protestante. — Siége et prise de la Rochelle.

Débarrassé de cette première coalition des grands seigneurs, Richelieu fut libre de reporter toute son attention sur d'autres ennemis intérieurs dont il était urgent d'arrêter les entreprises. Les protestants formaient alors, en France, un grand parti, redoutable à plus d'un titre. Persécutés et proscrits odieusement par les rois, prédécesseurs d'Henri IV, ils avaient pris plus d'une sanglante revanche dans

1   d

des insurrections et sur les champs de bataille.
L'édit de Nantes, en garantissant le libre exercice
de leur culte et leurs droits comme citoyens, avait
quelque peu amorti leur fierté ombrageuse et leur
prosélytisme guerrier; mais à la mort d'Henri IV,
ils n'eurent que de trop justes raisons de craindre
le retour des persécutions; dans plusieurs provinces,
ils se virent bientôt en butte à des avanies et à des
violences de la part d'une populace fanatique; ils
reprirent à leur tour des habitudes d'insoumission
et de révolte intolérables pour le pouvoir royal, et
menaçantes pour l'unité même de la France. Dans
l'Ouest et dans le Midi, ils avaient à leur tête la
plupart des familles nobles qui composaient la principale force militaire du pays. Par ambition autant
que par zèle religieux, de grands seigneurs, tels
que les Soubise, les La Trémouille, les Rohan donnaient des généraux aux soldats de la réforme. Le
parti protestant formait au milieu de l'État un gouvernement à part qui avait son organisation, ses
assemblées, son trésor, ses places fortes, et qui ne
se faisait faute ni d'accepter les subsides de l'Espagne, ni d'appeler à son aide les flottes et les armées de l'Angleterre. Richelieu méditait d'en finir
avec cette anarchie.

Dans les premiers temps de sa puissance, lorsqu'après avoir infligé un grave échec à la politique
espagnole en Italie, il préparait une expédition qui

n'allait à rien moins qu'à délivrer ce malheureux pays des étrangers qui le foulaient depuis trop long-temps, il s'était vu tout à coup distrait de ses grands desseins et entravé par une insurrection des pro-testants de France. La Rochelle en était le foyer; cette ville, alors très-importante par son port mi-litaire, par son grand commerce et ses nombreux vaisseaux, était devenue l'arsenal et la principale citadelle des réformés en France. Il en sortit une flotte qui, commandée par Soubise, remporta d'a-bord d'assez grands avantages sur la marine royale ; mais celle-ci, renforcée par une escadre hollan-daise, battit l'amiral huguenot, dans les eaux de l'île de Ré, et le contraignit à chercher, avec les débris de sa flotte, un refuge sur les côtes d'An-gleterre.

Cependant, quoique victorieux, Richelieu, sans se laisser arrêter par les clameurs des gens de cour et des vieux débris de la ligue catholique, prêta facilement l'oreille aux ouvertures de paix qui lui vinrent des protestants. Il était bien arrêté dans sa pensée d'homme d'État que la Rochelle ne reste-rait pas debout sur la terre de France, comme siége d'une puissance indépendante qui pouvait et osait lancer des armées et des flottes contre l'autorité du souverain; mais, ainsi que toutes les fortes or-ganisations, Richelieu joignait à l'énergie de la volonté la patience, et il savait attendre son jour.

En ce moment, les embarras se multipliaient autour de lui. La guerre civile, en France, l'empêchait d'élargir ses vues et ses entreprises pour l'indépendance du nord de l'Italie; destituée d'une marine vraiment digne de ce nom, la France ne pouvait encore réduire la Rochelle qu'avec l'appui précaire et dangereux de l'Angleterre et de la Hollande; enfin les intrigues des grands seigneurs minaient alors le terrain sous ses pieds, et ne lui laissaient pas la liberté d'esprit nécessaire pour frapper au cœur la ligue protestante; il accorda donc la paix aux Églises réformées, à des conditions qui, tout en amoindrissant l'importance militaire de la Rochelle, la laissaient subsister formidable encore.

Mais dès qu'il fut quitte un moment de ses ennemis à la cour, par la terreur dont il les avait frappés, tous ses soins se portèrent vers le préliminaire indispensable de la chute de la Rochelle, la création d'une puissante marine. Au reste, le génie de Richelieu n'avait pas besoin de cette indication, donnée par les circonstances, pour comprendre les intérêts permanents et les destinées de la France du côté de la mer. Il voyait de son regard perçant la prépondérance nécessaire de la nationalité française sur les affaires du monde attachée à sa grandeur maritime, non moins qu'à sa force continentale. L'inévitable antagonisme de notre pays, avec un royaume insulaire comme la Grande-Bretagne, était une de ses grandes préoccupations. Écoutons ce que pensait là-dessus ce grand homme, il y a deux siècles et plus, ce qu'il nous a légué comme un monument de sa haute raison et de son patriotisme, dans un des chapitres de son testament politique :

« L'Angleterre étant située comme elle est, si la France n'était puissante en vaisseaux, pourrait entreprendre à notre préjudice ce que bon lui semblerait, sans crainte de retour.

« Elle pourrait empêcher nos pêches, troubler notre commerce, et faire, en gardant l'embouchure de nos grandes rivières, payer tel droit que bon lui semblerait aux marchands. Elle pourrait descendre impunément dans nos îles et même sur nos côtes.

« Enfin, la situation du pays natal de cette nation orgueilleuse qui ne connaît, en cette matière, d'autre équité que la force, lui ôtant tout lieu de craindre les plus grandes puissances de la terre, l'ancienne envie qu'elle a contre ce royaume lui donnerait apparemment lieu de tout oser, lorsque notre faiblesse nous ôterait tout moyen de rien entreprendre à son préjudice. »

Imbu de telles pensées, Richelieu ne devait rien omettre pour donner une marine à la France. Quand il prit le pouvoir, il n'avait pas trouvé dans nos ports un seul vaisseau de guerre ; et quelques années après, lors de la première prise d'armes des réformés du Midi et de l'Ouest, la marine royale avait, nous l'a-

vons vu, une escadre pour reconquérir l'île de Ré
et bloquer le port de la Rochelle. L'administration
des affaires maritimes était déplorable et se ressentait de l'anarchie féodale. Il y avait des amirautés
particulières et presque indépendantes dans plusieurs grandes provinces du littoral; quant à l'ami-
rauté de France, elle était en dehors de la hiérarchie ministérielle et, dignité inamovible, formait
comme l'apanage de quelque grand seigneur. Pour
concentrer dans sa main toute l'autorité en matière
maritime, Richelieu acheta la démission du duc de
Montmorency, alors grand amiral, et créa, en se la
réservant, une surintendance de la navigation qui fit
reconnaître sa suprématie par les amirautés provin-
ciales. Maître enfin de réformer les abus, il y porta
une main vigoureuse, et donna le premier l'exemple du désintéressement en renonçant, au profit du
trésor, à une somme de 200 000 livres qui lui reve-
naient, comme *droit de bris* sur les épaves d'une
flotte portugaise qui, revenant des Indes richement
chargée, s'était perdue dans le golfe de Gascogne.
Il fit beaucoup de règlements utiles, institua des
écoles de pilotage, d'artillerie de marine et publia
un code maritime complet. Sous son active impul-
sion, la marine de l'État se releva de l'abaissement
profond où elle était tombée : elle fut en mesure de
protéger le commerce et de réprimer les courses
des pirates de toutes nations qui désolaient aupara-

vant nos rivages de la Provence et du Languedoc.
Enfin, régénérateur de la marine française, Richelieu donna en quelques années à son pays une flotte
imposante qui, plusieurs fois, battit les Espagnols
dans les eaux de la Méditerranée et disputa l'Océan
aux escadres de l'Angleterre.

La sagesse des prévisions du cardinal ne tarda
pas à éclater. Les passions religieuses de l'Angleterre, l'imprudente politique de Charles Ier et les
rancunes de Buckingham, son favori, contre Richelieu rompirent la bonne intelligence entre les deux
gouvernements. Charles Ier espérait se racheter, par
une guerre de religion contre la France, des haines
profondes qu'il avait suscitées chez les Anglais en
brisant deux fois le parlement et la loi constitution-
nelle du pays. Des intrigues furent nouées, par ses
ordres, avec les chefs du parti protestant de France,
et le prétexte de la guerre fut de venir au secours
de la Rochelle contre laquelle, disait-on, la cour de
France faisait des préparatifs menaçants.

La rupture éclate tout à coup (28 avril 1627).
Les biens des négociants français qui commerçaient
en Angleterre sont saisis; Buckingham, commandant d'une formidable expédition, met à la voile, et
cent vaisseaux paraissent devant la Rochelle portant
une armée de dix-sept mille hommes ; les protestants prennent les armes dans tout le Midi. Les premiers coups de la flotte anglaise sont dirigés contre

l'île de Ré; la garnison française oppose en vain
une vigoureuse résistance et l'île entière, à l'excep-
tion d'un petit fort, est au pouvoir des Anglais. En
France, déjà l'alarme se répand. Richelieu ordonne
de cacher au roi, qui vient de tomber malade, ces
fâcheux événements; lui-même il se charge de tout,
« au hasard, dit-il, de sa fortune et de sa réputation. » Il pourvoit à tous les besoins, donne son argent, engage son crédit, amasse des munitions,
dirige de toutes parts des troupes sur le littoral
menacé, réunit avec une surprenante activité tout
ce qu'il y a de bâtiments disponibles depuis le Havre jusqu'à Bayonne. La face des affaires change;
l'île de Ré est ravitaillée; les renforts y affluent de
toutes parts, et dans une série de combats meurtriers les Anglais y sont écrasés. Le duc de Buckingham n'a que le temps de regagner ses vaisseaux
avec les débris de ses troupes, et il fait voile vers
l'Angleterre, laissant les malheureux habitants de
la Rochelle aux prises avec une vaillante armée, et
en butte au redoutable cardinal (novembre 1627).

Mais leur courage est héroïque; mal pourvus de
vivres, sans espoir d'être secourus par le chef de
leur parti, le duc de Rohan, qui se soutient avec
peine dans le Languedoc contre les troupes royales,
les assiégés ne pensent qu'à opposer une résistance
désespérée. Animés par la religion et l'amour de
la liberté, ces deux grands mobiles des peuples; ils

choisissent pour maire et chef politique le plus déterminé d'entre eux, Guiton, qui refuse d'abord, et finit par se rendre à leurs instances ; il saisit un poignard, et le tenant à la main : « Vous le voulez, dit-il ; j'accepte : je serai votre maire, mais à une condition, c'est que j'enfoncerai ce fer dans le cœur du premier qui parlera de se rendre. Qu'on s'en serve contre moi, si jamais je songe à capituler. » Le poignard demeura jusqu'à la fin sur la table, dans la salle du conseil, à l'hôtel de ville de la Rochelle.

Richelieu, de son côté, pousse activement les travaux du siége. La Rochelle ne peut attendre son salut que du côté de la mer. On sait que l'Angleterre a promis et prépare de nouveaux armements. Richelieu commande de jeter dans la mer une digue de quatre mille sept cents pieds de longueur, destinée à fermer le port de la Rochelle, et à isoler cette place de l'Océan. Ce travail gigantesque est deux fois renversé par les flots et les tempêtes ; le cardinal ne se rebute pas ; la digue est enfin achevée et mise à l'épreuve des coups de mer comme des entreprises de l'ennemi.

Cependant l'intrépide Guiton soutient le courage de ses concitoyens. Ils éprouvent toutes les horreurs de la famine ; on représente au maire que des milliers d'habitants sont déjà morts de faim ; il répond : « Quand il ne restera plus qu'un seul homme, il faudra qu'il ferme les portes. » Quelques citoyens, malgré ses terribles menaces, parlent d'accommodement; on les jette en prison : trois ou quatre sont exécutés, et leurs têtes exposées sur une des portes de la ville annoncent aux assiégeants à quels hommes il ont affaire.

Mais tout conspire contre cette malheureuse ville. Le duc de Buckingham, au moment où il presse l'armement d'une flotte redoutable destinée à secourir la Rochelle, tombe sous le couteau d'un assassin. Après de nouveaux retards, cette flotte met à la voile; elle paraît en vue de la Rochelle, mais elle essaye vainement de percer la digue ; l'artillerie française la force à reprendre le large, et elle se retire emportant la dernière espérance des assiégés (mai 1628).

Alors il fallut bien capituler. Les armes tombaient des mains de ces hommes qui n'avaient plus à dévorer, pour se soutenir, que des morceaux de cuir bouillis avec du suif ou de la cassonade. Le siége avait duré un an, et les habitants, de trente mille, se trouvaient réduits à cinq mille par les combats et, bien plus encore, par la famine.

Le 28 octobre 1628, le roi fit son entrée solennelle dans la ville, et, d'après les inspirations de Richelieu, en épargna les tristes restes. Le cardinal, sortant de la tranchée où il venait de faire le métier de capitaine et d'ingénieur, célébra, dans l'église de Sainte-Marguerite, une messe d'actions de grâces.

XIX.

Rigueurs de Richelieu contre la noblesse.

Au siége de la Rochelle, un des chefs les plus distingués de la noblesse française, le maréchal de Bassompierre, disait : « Nous serons assez fous pour prendre la Rochelle. » Il voyait juste. Libre en effet des embarras que la ligue des protestants lui donnait, Richelieu ne pensa plus qu'à faire plier sous l'autorité royale la noblesse catholique, trop habituée elle-même au mépris des lois et à l'esprit de révolte. Quant à Bassompierre, l'auteur de cette prédiction, entraîné peu d'années après dans la disgrâce de Marie de Médicis, il fut enfermé à la Bastille, et y resta jusqu'à la mort du cardinal.

Toute la carrière politique de Richelieu n'est pleine que d'actes rigoureux, souvent terribles, pour abattre l'orgueil et déjouer les complots des grands seigneurs, de ceux-là même qui entouraient le trône de plus près. S'il fut toujours sévère, et parfois implacable, à l'égard de cette turbulente noblesse, il faut reconnaître aussi que les adversaires qu'il eut à combattre poussaient loin l'audace, soit dans leurs entreprises contre le pouvoir royal, soit dans leurs dédains affectés pour les mesures les plus nécessaires au maintien de la paix publique.

Au temps de Richelieu, la hardiesse des nobles à braver les lois se montrait surtout par la fréquence et l'éclat scandaleux des duels. Pour les motifs les plus futiles, ils mettaient l'épée à la main et se battaient à outrance dans les rues, sur les places publiques, et presque sous les yeux du souverain. On avait compté, en l'espace de vingt années, plus de huit mille de ces combats singuliers où des gentilshommes avaient tué leurs adversaires, et à la suite desquels ils avaient obtenu des lettres de grâce. C'était en vain qu'Henri IV, par un édit de 1602, avait défendu les duels sous peine de mort; cette fureur était arrivée à ses derniers excès et demeurait impunie. Richelieu avait vu périr son frère aîné dans un duel; il sentait d'ailleurs profondément l'injure faite à l'autorité royale par ces perpétuelles bravades. En 1626, Louis, à son instigation, renouvela la défense portée sous le dernier règne. La peine de mort était prononcée contre quiconque aurait été meurtrier dans un duel, ou serait en récidive comme agresseur; et cette fois, Richelieu avait résolu que la loi ne fît plus de vaines menaces. Sans se soucier de l'édit, le duc de Boutteville, qui avait déjà eu vingt et un duels, vint, ayant pour second le comte des Chapelles, tirer l'épée en plein jour, sur la place Royale, contre deux autres gentilshommes dont l'un fut tué dans le combat. Le duc de Boutteville appartenait à la famille des Montmorency ; tout ce qu'il y avait de plus élevé en France intercéda pour lui. Le cardinal fut sourd à toutes les supplications : Boutteville et des Chapelles furent condamnés par le parlement à perdre la tête en place de Grève. La grâce instamment sollicitée ne vint pas, et l'arrêt reçut son exécution, comme s'il se fût agi de coupables d'un rang vulgaire.

XX.

Expédition contre la Savoie. — Victoire du Pas de Suze. — Ruine du parti protestant.

Pendant qu'il était-occupé sous les murs de la Rochelle à humilier l'Angleterre et à abattre le parti protestant, Richelieu suivait d'un œil inquiet les mouvements en Italie de deux politiques hostiles à la France, celles d'Espagne et de Savoie.

La succession du duc de Mantoue et marquis de Montferrat, qui vint à s'ouvrir, fournit aux cabinets de Madrid et de Turin l'occasion qu'ils cherchaient de combattre en Italie l'extension de l'influence française. Cette succession revenait de droit au duc de Nevers, d'une famille appartenant depuis longtemps à la France par la naturalisation, et dévouée aux intérêts de cette monarchie. L'Espagne suscita à ce légitime héritier un concurrent, et ses troupes du Milanais firent une brusque in-

vasion dans le Mantouan et le Montferrat. Richelieu était encore retenu devant la Rochelle, et il ne
se voyait pas, sans une vive anxiété, dans l'impuissance de réprimer cette agression et de porter
secours à un de nos alliés. Heureusement il entretenait à l'étranger des affidés gens d'énergie, et
qui entraient pleinement dans ses vues. Un d'eux,
Guzon, à la nouvelle de l'invasion espagnole, se
jeta dans Casal, capitale du Montferrat, avec une
poignée de volontaires français. La défense de ces
braves gens fut héroïque, et la place, plusieurs
fois ravitaillée, tenait encore quand la Rochelle fut
enfin abattue.

Mais au moment où Richelieu n'avait qu'une
pensée, celle de passer les Alpes et de courir au
secours de Casal, un nouvel ennemi se déclarait
contre lui à l'intérieur et venait embarrasser sa
marche. Marie de Médicis, dans le patronage qu'elle
avait d'abord accordé à Richelieu, n'apportait que
des idées étroites et une vanité ombrageuse. Incapable de comprendre les grands desseins du cardinal, elle se persuadait aisément qu'ils ne servaient
qu'à déguiser des manœuvres contraires à son influence dans le gouvernement et à son crédit auprès du roi. Même dans le siége de la Rochelle,
dans cette grande entreprise pour étouffer en son
foyer la guerre civile et religieuse, Marie ne voulait voir qu'un expédient imaginé pour retenir son

fils loin d'elle, le refroidir à son égard et le dominer exclusivement; elle ne parlait plus du cardinal
qu'avec une aigreur mal contenue. Ses dispositions,
toutes favorables à la maison de Savoie, dans laquelle une de ses filles était mariée, achevaient de
la mettre en opposition déclarée avec Richelieu;
car la Savoie faisait contre la politique de ce ministre cause commune avec l'Espagne, et tandis
que les troupes espagnoles pressaient le siége de
Casal, le duc Charles-Emmanuel gardait, du côté
de la France, les passages des Alpes.

Richelieu, à son retour de la Rochelle et quand
il n'avait pas de temps à perdre pour sauver l'influence française en Italie, supporta impatiemment
l'opposition tracassière de Marie de Médicis. Il eut
avec elle et avec le roi, qui semblait hésiter entre
sa mère et son ministre, une explication où il ne
craignit pas de prendre le ton de la plus sévère
franchise. A Louis, il reprocha son caractère mobile et soupçonneux; à Marie de Médicis, ses vaines
irritations et les obstacles qu'elle voulait mettre,
pour des motifs futiles, à de grands desseins. Il lui
dit ouvertement : « Qu'elle se blessait pour peu de
chose.... et que les considérations d'État requé-
raient souvent qu'on passât par-dessus la passion
des princes. » Il conclut en demandant au roi avec
instance de lui retirer le fardeau des affaires, devenu désormais trop pesant pour lui. C'était pour

l'habile ministre le moyen infaillible de triompher de ses ennemis et d'affermir son autorité. Louis, effrayé, se garda bien de le prendre au mot; Marie de Médicis sortit vaincue de cette lutte, et Richelieu, plus puissant que jamais, fut libre de se donner tout entier aux préparatifs de l'expédition qu'il allait lancer sur l'Italie.

Là encore il déploie les qualités du général autant au moins que celles du grand ministre; il voit tout par lui-même, organise tous les services avec une infatigable activité, rassemble et fait marcher avec précision de nombreuses troupes, les anime de son ardeur, trace un habile plan de campagne, entraîne avec lui le roi et paraît au pied des Alpes. Le duc de Savoie avait pris toutes ses mesures pour lui en disputer le passage. Une gorge étroite, tortueuse, commandée par d'énormes rochers, et qu'on nomme le Pas de Suze, est le défilé où l'armée française doit s'engager. En vain le duc de Savoie a-t-il multiplié sur ce point les obstacles les plus formidables, des forts sur les hauteurs, d'épaisses barricades au fond de la gorge, rien ne résiste à l'impétueuse attaque des Français. Après quelques heures de combat ils sont maîtres des hauteurs, ils ont emporté les barricades et le défilé est victorieusement franchi (6 mars 1629). Bientôt la ville de Suze est au pouvoir du roi. Le duc de Savoie, dégoûté de l'alliance espagnole, s'en délache; Casal est secourue, et l'armée d'Espagne, obligée d'en lever le siége, est refoulée dans le Milanais.

A peine libre de l'ennemi extérieur, l'infatigable cardinal profite de la belle armée qu'il a dans la main pour écraser sans retour les derniers restes du parti protestant. Rohan, qui les commande, tient encore dans quelques places du midi, à Nîmes, à Montauban, à Privas. Mais il se voit abandonné de l'Angleterre, que Richelieu a su amener à demander la paix; il ne craint pas de négocier un traité d'alliance avec l'Espagne catholique; elle lui fournit quelque argent; mais avant que ses troupes aient franchi les Pyrénées, c'en est fait des églises réformées du midi, comme force militaire et puissance indépendante. Le fanatisme farouche des protestants ne peut rien contre les troupes nombreuses et disciplinées qui les assaillent de toutes parts. Privas, emporté d'assaut, est le théâtre d'affreux massacres. Louis refuse aux restes de la garnison qui se sont retirés dans un fort la capitulation qu'ils demandent. Il écrit à sa mère, « qu'il compte bien les faire tous pendre. » Et, en effet, presque tous ces malheureux périssent sous les coups des soldats ou par la main du bourreau. Richelieu, malade, ne peut empêcher cette tuerie. Il intervient à temps, néanmoins, pour sauver la vie au commandant de la place, que Louis envoyait

à la potence. Alais et Nîmes ouvrent leurs portes ;
Rohan comprend enfin que sa cause est perdue.
Il fait des ouvertures de soumission, qui sont favo-
rablement écoutées, et, le 28 juin 1629, une amnistie générale éteint ces dernières flammes des
guerres religieuses. Fidèle à sa pensée politique',
le cardinal ne veut pas qu'il reste pierre sur pierre
des remparts derrière lesquels les réformés ont si
longtemps bravé l'autorité royale ; mais il se montre
clément envers les vaincus, large dans ses conces-
sions à la liberté religieuse, et dans Montauban, où
il entre en triomphateur, il reçoit avec égards les
ministres de la religion réformée, et leur déclare
que le roi « voit en eux des sujets, et qu'en cette
qualité, il ne fait pas de distinction entre eux et
les catholiques. » Enfin il obtient de Louis XIII,
sur les ruines mêmes des forteresses du parti protestant, une ordonnance qui leur laisse le libre
exercice de leur religion et qui devient pour eux
une solennelle confirmation de l'édit de Nantes
(1629).

XXI.

Intrigues de cour.

Tandis que, radieux de sa double victoire, Richelieu s'acheminait vers Paris, au milieu de l'élan
des populations et des démonstrations les plus

éclatantes de la joie publique, à la cour, de nouveaux orages s'amassaient contre lui. Marie de Médicis ne lui pardonnait pas les grandes choses qu'il avait faites, en dépit de son mauvais vouloir et de sa mesquine opposition ; elle s'en prenait à lui du déclin de son crédit, et comme elle voulait du pouvoir et non pas seulement des prévenances, les formes respectueuses qu'il affectait d'observer vis-à-vis d'elle ne la désarmaient pas. Elle ne lui montra, à son arrivée à Fontainebleau, qu'un visage irrité ; elle obséda le roi, jusqu'à le faire pleurer, en vue d'obtenir de lui la disgrâce du cardinal. Louis tint bon néanmoins ; il finit par forcer lui-même sa mère à une réconciliation apparente avec Richelieu. Celui-ci, comme d'habitude, sortit de cette nouvelle épreuve plus affermi et plus comblé des faveurs royales que jamais. Et pour établir sa suprématie dans le conseil, en droit comme en fait, des lettres patentes lui conférèrent le titre de « principal ministre d'État. »

Gaston, de son côté, depuis que le cardinal lui avait fait refuser le commandement de l'armée chargée de réduire la Rochelle, ne cessait de remplir la cour de ses plaintes et de fatiguer le roi de ses exigences ; puis il avait feint de croire sa liberté menacée, et s'était retiré auprès du duc de Lorraine, animant de là les grands seigneurs de son parti contre le cardinal. Celui-ci, compre-

nant le danger de laisser subsister ce signal de ral-
liément pour les mécontents de l'intérieur, et ce
prétexte d'intervéntion pour les ennemis du dehors, ne négligea rien afin de déterminer Gaston
à rentrer en France. Il n'en vint à bout, après de
longues négociations, qu'en comblant sa vanité et
sa convoitise de nouveaux titres et de nouvelles
dignités auxquels furent attachés de gros revenus.

« Triste condition des monarchies, dit à ce sujet
un éminent historien[1], que le caprice d'un jeune
fat y devienne un intérêt d'Etat, et s'y jette à la
traverse des plus importantes affaires, jusqu'à
compromettre les destinées d'un peuple! Que ceux
qui plaignent l'homme d'État aux prises avec les
difficultés des assemblées délibérantes, et qui
croient la grande administration impossible dans
les gouvernements libres, lisent le journal où Richelieu a consigné les soucis, les tracas, les complots de chaque jour! Ils y verront quel était le
sort d'un grand ministre sous l'ancien régime; ils
verront dans quelles misères s'est usée cette glorieuse existence, quels obscurs reptiles embarras-
sèrent incessamment les pas de ce lion, tandis
qu'il cherchait au loin des adversaires dignes de
lui. »

1. Henri Martin, *Histoire de France.*

XXII.

Nouvelle campagne contre la Savoie. — Victoire de Vegliana.

Cependant Richelieu ne voulait pas laisser perdre les fruits de la dernière campagne. La conduite tortueuse du duc de Savoie, Charles-Emmanuel, toujours prêt à déserter l'alliance française pour celle de l'Espagne, commandait de prendre de nouvelles sûretés contre lui ou de le réduire complétement par la force. Il fallut en venir à ce parti. Richelieu se met en personne à la tête des troupes ; la cuirasse sur le dos, l'épée au côté, il partage comme un simple capitaine les dangers et les fatigues du soldat, passe à gué des rivières grossies par la fonte des neiges, manœuvre si habilement qu'il paralyse les efforts de Charles-Emmanuel, emporte sous ses yeux la forte place de Pignerol, et s'empare de Chambéry, la capitale des États de Savoie. De son côté, le maréchal de Montmorency remportait sur l'armée des Italiens et des Espagnols la victoire de Vegliana, due principalement à sa brillante valeur (10 juillet 1630). Charles-Emmanuel succombe au chagrin que lui causent tant de revers ; son successeur, Victor-Amédée, s'empresse d'ouvrir des négociations pour obtenir une paix acceptable.

XXIII.

Maladie de Louis XIII à Lyon. — Ligue contre Richelieu.

La cour de France était alors à Lyon, et s'agitait
de toutes manières pour entraver la politique du
cardinal. Les deux reines avaient fait taire leurs
antipathies mutuelles et unissaient leurs efforts contre
le ministre qu'elles détestaient également. La reine
mère surtout, favorable au duc de Savoie, son gen-
dre, et jalouse des succès d'une expédition dont le
principal honneur revenait au cardinal, mettait
tout en œuvre pour inspirer au roi de l'éloignement pour cette guerre et des défiances contre son
ministre. Après la prise de Pignerol, Louis avait
rejoint l'armée ; mais bientôt des maladies conta-
gieuses s'y déclarèrent, et il en ressentit les premières atteintes. La cour redoubla d'instances pour
le rappeler à Lyon ; il y revint triste et souffrant.
Au bout de quelques jours, il fut saisi d'une fièvre
ardente, accompagnée de dyssenterie, qui le mit
bientôt à toute extrémité (30 septembre).

Déjà les courtisans voyaient venir un nouveau
règne, la couronne de France sur la tête de Gaston,
Richelieu et son parti abattus. Tout n'était dans
cette cour que trouble, anxiété, douleurs feintes et
espérances cachées. On rapporte que non loin du lit

où le roi semblait prêt à rendre l'âme, les ennemis
du cardinal tinrent conseil, et que chacun émit son
avis sur le traitement qu'on ferait subir au ministre
déchu. Les uns furent pour l'exil, les autres pour
la prison ; il y eut une voix pour la mort : ce fut,
dit-on, celle du maréchal de Marillac. On ajoute
que Richelieu invisible assista à ce conseil, et qu'il
en sortit avec le dessein fermement arrêté de faire
tomber sur chacun des opinants, selon son vote,
l'exil, la prison ou la mort. Louis, de son côté, pré-
voyait les terribles représailles auxquelles en mourant il laisserait son conseil exposé. On assure qu'il
fit appeler près de lui le maréchal de Montmorency,
dont il connaissait la loyauté chevaleresque, et qu'il
le chargea de prendre le cardinal sous sa protection ; Montmorency, dans sa générosité, avait déjà
prévenu cette démarche, et offert un asile au cardinal dans son gouvernement de Languedoc.

Une crise heureuse, inattendue, vint faire évanouir ces projets et ces craintes. Un abcès intérieur
qui creva sauva les jours du roi ; il fut en quelques
heures hors de danger. Mais, pendant sa maladie,
les deux reines n'avaient cessé d'être auprès de son
lit ; Anne d'Autriche, par les soins qu'elle lui avait
donnés, avait réveillé pour elle son affection ; il
prêta l'oreille à ses plaintes, aux accusations de
Marie de Médicis contre le cardinal ; il se montra
disposé à congédier son ministre, mais en ajour-

nant cette résolution à l'époque où il serait de retour à Paris. Richelieu se sentit sérieusement menacé ; il fit, pour apaiser la reine mère, les plus humbles avances à elle-même, et aux deux Marillac ses favoris. Marie de Médicis, obstinée, implacable, repoussa toute parole d'accommodement, et ne cessa de poursuivre le roi de ses obsessions dans le but d'assurer sa vengeance.

XXIV.

Journée des Dupes.

La reine mère avait obtenu de Louis qu'il vînt la voir secrètement à son palais du Luxembourg, et là, dans un dernier entretien, elle employa tout, caresses maternelles, supplications, emportements, pour lui arracher le renvoi du cardinal, par qui, disait-elle, il était trompé et trahi.

« Comme elle était au plus fort de son discours, rapporte Siri, et qu'elle pressait vivement son fils de lui accorder ce qu'elle désirait de lui avec tant d'instance, le cardinal entra brusquement dans sa chambre : il en avait trouvé à la vérité la porte fermée, avec défenses très-expresses à l'huissier de l'ouvrir à personne et surtout à lui, s'il s'y présentait ; mais comme il connaissait toutes les issues de ce palais, il s'en fut à la garde-robe de cette princesse, et se fit introduire par là dans la chambre, ayant gagné, pour cet effet, une de ses femmes nommée Zuccole, qui, étant dans la confidence de sa maîtresse, était restée seule de garde en cet endroit-là.

« L'arrivée imprévue du cardinal surprit et rendit la reine tout interdite. Toutefois elle reprit bientôt ses esprits, et la présence du cardinal ne servit qu'à redoubler sa colère, tant par le souvenir qu'elle lui renouvela de toutes les offenses qu'il lui avait faites, que parce qu'elle se voyait interrompue dans l'accomplissement de ses desseins, de manière que, pleine de furie et de ressentiment, elle s'emporta contre lui avec violence, l'appelant devant son fils : *âme double, insolent, effronté, traître*, et lui donnant beaucoup d'autres injurieuses épithètes auxquelles il ne s'attendait pas. Elle redit au roi, en sa présence, tout ce qu'elle lui avait déjà dit sur son chapitre, avant qu'il fût arrivé, et n'oublia rien de tout ce qui était capable de le noircir davantage dans son esprit.

« Le cardinal, étonné et confus de l'extrême emportement de cette princesse, ne répliqua pas un seul mot à toutes les injures qu'elle lui dit : il tâcha seulement d'adoucir l'aigreur de son esprit et de modérer sa colère. C'est pourquoi, avec une contenance respectueuse et dans les termes les plus humbles et les plus soumis qu'il pût trouver, ac-

compagnés même de larmes, qu'il avait à son commandement, il lui parla de la manière du monde la
plus touchante et la plus propre à la fléchir.... Mais
sa haine et sa colère contre lui étaient montées à
un si haut point, que ses soumissions, ses prières,
ni ses larmes ne purent jamais l'émouvoir ; bien au
contraire, elle cria à haute voix : *qu'il était un
fourbe qui savait bien jouer la comédie, et que tout
ce qu'il faisait n'était que pure momerie et un vrai
manége pour la tromper encore une fois.*

« Le cardinal, voyant cela, se tourna du côté du
roi, et le supplia de vouloir bien lui permettre de
se retirer quelque part pour y passer le reste de ses
jours en repos, n'étant pas juste que Sa Majesté se
servît de lui, et le continuât dans le ministère contre les volontés de la reine. A ces paroles, ce monarque, témoignant avoir envie de déférer aux désirs de sa mère, lui accorda sa demande et lui
ordonna de sortir. »

Sans perdre de temps, Marie de Médicis voulut
constater sa victoire en faisant élever aux premières
dignités les deux frères de Marillac. Le garde des
sceaux reçut le titre de premier ministre, et le maréchal eut le commandement en chef de l'armée.
Puis, les portes du Luxembourg, ce palais qu'elle
avait bâti avec grande magnificence, s'ouvrirent
pour la foule empressée des courtisans qui venaient
féliciter la reine d'un succès dû à son habileté et

à son énergie. Les salons étaient encombrés ; c'était comme une ivresse générale, et Marie de Médicis elle-même savourait doucement la joie de son triomphe.

De son côté Richelieu se croyait perdu. Cet homme, d'une rare fermeté en face des dangers qui pouvaient menacer sa vie, se troublait profondément à la pensée de perdre la faveur du roi et tous les fruits que son ambition en retirait. Un de ses conseillers intimes, le cardinal de Lavalette, lui vint heureusement en aide dans cette occasion.

Le roi, en quittant le Luxembourg, était allé à son château de Versailles; un homme de cour bien avisé conseillait à Marie de Médicis de l'y suivre et de mettre la dernière main à son ouvrage. Trop sûre de son triomphe, elle négligea cet avis. Richelieu, plus habile, écouta Lavalette, qui lui rappelait le vieux proverbe français : « Qui quitte la partie la perd, » et le pressait de tenter sa dernière chance de salut. Il courut à Versailles, et parvint, à l'aide d'un de ses affidés, à être reçu du roi en audience particulière dans son cabinet. Ce qui fut dit dans cet entretien, on l'ignore; mais, au moment où le garde des sceaux de Marillac arrivait pour prendre possession de sa dignité de premier ministre, Louis XIII, recevant dans sa chambre les adieux de Richelieu, lui dit devant tout le monde : qu'il lui ordonnait *au contraire* de demeurer et de continuer à le bien servir dans l'exercice de son emploi, ajoutant : « qu'il trouverait bien le moyen d'apaiser sa mère, et de la faire consentir à ce qu'il faisait, en ôtant d'auprès d'elle les personnes qui lui donnaient de pernicieux conseils. » Le garde des sceaux de Marillac fut immédiatement arrêté.

La nouvelle de ce brusque retour de fortune tomba comme un coup de foudre au milieu de la nouvelle cour qui s'était formée autour de Marie de Médicis. En un clin d'œil le Luxembourg fut désert, et la malheureuse reine resta à la discrétion d'un ennemi implacable et qu'elle avait fait un instant trembler. Ce jour a conservé dans l'histoire le nom de *Journée des Dupes* (11 novembre 1630).

Le maréchal de Marillac avait reçu de la reine mère un courrier qui lui apportait, avec la nouvelle de la disgrâce de Richelieu, le brevet de commandant en chef de l'armée. Tout joyeux, il avait envoyé prier à dîner ce jour-là ses collègues, les maréchaux de Laforce et de Schomberg. Ils se rendirent auprès de lui, mais ce fut pour lui exhiber un ordre reçu à l'instant même, ordre signé du roi, afin de l'arrêter et le retenir prisonnier.

XXV.

Procès et supplice du maréchal de Marillac.

Ce dernier complot n'avait pas seulement mis en péril la fortune politique de Richelieu; la haine acharnée de Gaston et de Marie de Médicis lui avait donné des ramifications profondes. Déjà l'on avait tenté, au nom de Monsieur, la fidélité du maréchal de Montmorency, gouverneur du Languedoc; il était mécontent de la cour, et se croyait mal récompensé de ses services; il se laissa aller à écouter des propositions de révolte à main armée. Marie de Médicis, de son côté, négociait avec l'Espagne, et entretenait de coupables intelligences dans l'armée et dans la flotte. Sans avoir pénétré toute cette trame, Richelieu, qui sortait à peine d'un danger personnel, sentait aussi le danger qui menaçait l'État; il fut sans pitié à l'égard de l'ennemi qu'il tenait dans ses mains. Les deux frères Marillac avaient depuis longtemps largement participé aux intrigues, dont la petite cour de la reine mère et de Monsieur était le foyer. Le garde des sceaux fut exilé; il n'y avait pas contre lui de motif d'accusation capitale. Le maréchal, au contraire, dans un commandement qu'il avait exercé en Champagne, et dans la construction de la citadelle de

Verdun, passait pour avoir commis de grosses exactions. Il fut accusé de péculat, crime qui, aux termes des lois, entraînait la peine de mort, mais crime tellement commun, aux temps de désordre d'où l'on sortait à peine, qu'il était sans exemple de le voir poursuivi avec une pareille rigueur : aussi cet homme de guerre, couvert de blessures, et qui comptait quarante années de services, au milieu des lenteurs de ce procès qui dura deux ans, disait-il : « C'est une chose bien étrange qu'on me poursuive comme on fait. Il n'est question dans mon procès que de foin et de paille, de bois, de pierre et de chaux. Il n'y a pas de quoi fouetter un laquais. » Les commissaires choisis par Richelieu n'en jugèrent pas ainsi; des lettres menaçantes que Monsieur et Marie de Médicis écrivirent aux juges de Marillac ne firent que rendre plus inévitable sa condamnation. Ce vieux général, condamné à mort pour concussion, eut la tête tranchée en place de Grève (1632). Son frère, assure-t-on, ne lui survécut pas; et mourut de douleur dans la prison où on le détenait encore.

S'il est une chose qui doit peser sur la mémoire de Richelieu, c'est la hauteur dictatoriale avec laquelle il brisait à sa fantaisie les formes de la justice, cette unique sauve-garde du faible contre le fort qui le poursuit. Il enlevait volontiers les accusés à leurs juges naturels pour les livrer à des commissions extraordinaires, instituées en vue du procès, et composées trop souvent de ces hommes qui ne savent rien refuser aux puissants, et servent à tout prix, même leurs plus mauvaises passions. Dans le procès de Marillac, ce mépris de la justice régulière fut poussé jusqu'à ses dernières limites. La première commission instituée parut au cardinal ne pas procéder assez sommairement et accorder trop de latitude aux défenses de l'accusé; elle fut dissoute. On en institua une autre où de nouveaux juges furent adjoints aux anciens. On n'eut aucun égard aux réclamations du maréchal, qui récusait la plupart de ses juges comme étant notoirement ses ennemis ou ceux de sa famille. Enfin, le procès commencé à Verdun vint s'achever plus près du gouvernement, et, chose à peine croyable, à Ruel, dans la propre maison du cardinal, transformée en prison et en tribunal pour le malheureux accusé.

Richelieu, dans toute sa carrière politique, eut à lutter contre les parlements. Ces grands corps judiciaires, gardiens des vieilles traditions, attachés à la routine, toujours en éveil pour agrandir leurs prérogatives et leur importance, étaient les ennemis nés de ce hardi novateur, qui marchait si résolûment dans des voies nouvelles de progrès et de régénération. Ils ne lui pardonnaient pas cette énergique initiative, qui ramenait toute chose,

toute institution à son principe, à sa règle, et
qui prétendait à bon droit affranchir la royauté
de la tutelle des parlements, tutelle usurpée dans
les mauvais jours sur l'autorité monarchique
comme sur la souveraineté nationale. De là une
opposition constante, tantôt sourde, tantôt déclarée, à toute réforme qu'il entreprenait d'apporter,
soit dans la législation civile, soit dans l'organisation administrative et financière. Dans cette
guerre de formes et de chicanes, Richelieu avait
dû céder quelquefois. D'ordinaire, il avait marché
droit à son but, renversant avec hauteur l'opposition routinière et rancunière des parlements.
Le mauvais côté de ces luttes entre lui et cette
haute magistrature, c'est qu'il s'habituait à tenir
peu de compte du pouvoir judiciaire, même dans
l'exercice de ses plus pures attributions, même
quand il protestait, au nom du droit, contre un
arbitraire injustifiable : on le vit bien dans le procès de l'infortuné Marillac. Deux fois le parlement
de Paris, déclarant l'illégalité de la commission
extraordinaire, lui avait fait défense de continuer
l'information, et avait rendu l'accusé à ses juges
naturels; deux fois les arrêts du parlement sur ce
point furent cassés par le conseil du roi. A la
suite de la Journée des Dupes, le parlement de
Paris, ayant refusé d'enregistrer une déclaration
royale qui, sans forme de procès, traitait en cou-

pables de lèse-majesté plusieurs ducs et pairs du
parti de Monsieur, toute la compagnie fut mandée
au Louvre et reçue avec dureté. L'arrêt fut lacéré
en présence des magistrats ; et le garde des sceaux
leur signifia « qu'ils étaient faits pour rendre justice aux particuliers, et non pour se mêler des affaires d'État. »

XXVI.

Exil de Marie de Médicis.

Gaston n'avait pas tardé à prendre l'alarme, et
s'était réfugié de nouveau dans le duché de Lorraine. Marie de Médicis, exaspérée, refusait de se
retirer à Moulins, sorte d'exil qu'on lui destinait.
Elle ne voulait pas quitter le château de Compiègne,
où elle s'était réfugiée, et avait déclaré « qu'elle
n'irait point à Moulins, à moins qu'on ne l'y traînât
par les cheveux. » Elle vit ses amis, ses créatures,
son médecin même jetés à la Bastille. Elle-même se
crut bientôt prisonnière dans l'asile qu'elle avait
choisi ; elle en sortit pour se mettre sous la protection du gouverneur de la Capelle, avec qui elle avait
des intelligences ; mais Richelieu, au courant de
cette intrigue, l'avait déjouée. Les portes de la Capelle lui furent fermées, et cette malheureuse reine,
maudissant son fils et le terrible cardinal qui l'em-

1   f

portait sur elle, quitta la France, qu'elle ne devait plus revoir (19 juillet 1631). Elle se réfugia d'abord en Belgique.

XXVII.

Révolte et mort du maréchal de Montmorency.

La terreur était grande parmi toute la noblesse de France, mais la haine aussi; bien des cœurs brûlaient du désir d'abattre enfin ce ministre, qui faisait si bon marché du sang des gentilshommes. Le plus illustre des généraux de ce temps, le duc de Montmorency, maréchal de France et gouverneur du Languedoc, sollicité secrètement par Gaston de se placer à la tête des mécontents, et de mettre fin par les armes à la tyrannie du cardinal, accepta ce rôle dangereux. Il rassembla à grand'peine une petite armée; les secours promis par l'étranger lui manquèrent. Gaston, qui traversa le royaume pour le venir joindre, n'excita en sa faveur aucune sympathie, et n'amena au maréchal qu'une poignée d'hommes. Celui-ci, néanmoins, dominé par le point d'honneur, ne crut pouvoir ni déserter la conspiration, ni refuser le combat que l'armée royale lui offrit auprès de Castelnaudary; mais plus brave qu'habile dans cette journée, il fut battu; et, couvert de blessures, il tomba aux mains du cardinal.

Gaston vaincu s'humilia et ne pensa qu'à obtenir sa grâce. Il s'engagea, assure-t-on, par une des clauses du traité qui lui accordait amnistie, *à aimer tous les ministres du roi, et particulièrement le cardinal de Richelieu.* Peu rassuré cependant sur les dispositions amicales de Richelieu à son égard, il s'empressa de se mettre hors de sa portée, et sortit de nouveau du royaume pour aller à Bruxelles partager l'exil de la reine mère.

Quant au malheureux duc de Montmorency, Richelieu le réservait pour un terrible exemple. Son procès s'instruisit devant le parlement de Toulouse, où le roi et le cardinal s'étaient transportés à cet effet. La condamnation était inévitable ; le parlement prononça un arrêt de mort contre le maréchal.

Les sollicitations les plus pressantes, et partant des plus hauts personnages, furent en vain mises en œuvre auprès du roi; soutenu par le génie inflexible de Richelieu, il ne céda point. Le peuple de Toulouse, entraîné par un mouvement de compassion, s'était rassemblé sous les fenêtres du palais, criant tout d'une voix : « Grâce ! grâce ! » Ce bruit frappa les oreilles du roi; il en demanda la cause : « Sire, lui dit le maréchal de Châtillon, si Votre Majesté veut mettre la tête à la fenêtre, elle aura compassion de ce pauvre peuple qui implore sa clémence en faveur du duc de Montmorency. — Si je suivais les inclinations du peuple, répondit-il froi-

dement, je n'agirais pas en roi. » Le maréchal porta
sa tête sur l'échafaud (30 octobre 1632). On rapporte
de lui, à ses derniers moments, un trait qui con-
traste singulièrement avec l'esprit de cette époque,
et dans lequel il faut voir sans doute l'effort de l'hé-
roïsme chrétien. Avant d'aller à la mort, le maréchal de Montmorency légua au cardinal de Richelieu
un célèbre tableau qu'il possédait.

XXVIII.

Génie politique de Richelieu.

Mais il est temps de reposer nos yeux de tant de
sanglantes exécutions, et de suivre Richelieu sur
un théâtre où son génie se montre plus dégagé de
passions personnelles, et voué plus dignement à la
grandeur de son pays.

Dans la première période de son ministère, Richelieu, comprenant combien la France, déchirée
par les guerres de religion et affaiblie par les incessantes révoltes des grands seigneurs, était mal préparée pour entrer en lutte ouverte avec ses deux
redoutables rivales, l'Espagne et l'Autriche, s'était
bien gardé de provoquer un conflit général, qui
aurait fait descendre à la fois dans la lice ces deux
puissances coalisées. Il s'attacha seulement à contrarier partout leur politique ; à les affaiblir l'une et

l'autre séparément par des voies indirectes, tantôt en fournissant appui et secours à leurs ennemis, tantôt en amoindrissant leurs alliés. Ce fut ainsi qu'il soutint contre la maison d'Espagne les Provinces-Unies (la Hollande), qu'elle voulait faire rentrer sous sa domination, et qui, à leur tour, menaçaient de lui enlever les provinces belges. Ce fut la même politique qu'il suivit en Italie, en prenant, comme nous l'avons vu, fait et cause pour le duc de Mantoue contre l'Espagne, et en écrasant le duc de Savoie, allié de cette puissance, et qui tenait dans ses forteresses des Alpes les clefs de l'Italie.

L'Allemagne surtout fut le théâtre où se déploya le génie politique de Richelieu. Dans cette vaste contrée, divisée à peu près également entre les deux religions catholique et protestante, la maison d'Autriche, à la tête du parti catholique et maîtresse de l'empire, menaçait sérieusement la liberté politique et religieuse d'une foule de petits princes qui avaient embrassé la religion réformée. De toutes parts on courut aux armes, et on vit alors, au centre de l'Europe, éclater une guerre terrible, la guerre de Trente ans.

Au milieu des péripéties de cette guerre, Richelieu, arrivant au suprême pouvoir, songea à faire tourner les divisions de l'Allemagne au profit de la France; c'était une vieille ennemie qui, se déchirant elle-même, permettait à ses voisins de grandir et de se fortifier. Richelieu mit en œuvre toutes les ressources d'une diplomatie active et habile pour alimenter et ranimer sans cesse la guerre, inégale d'abord, que les princes protestants soutenaient contre l'empereur. Partout on retrouve sa main; partout il répand les encouragements, les promesses; il donne peu d'argent, mais à propos. Il relève, par ses négociations, par le nom de la France sans cesse mis en avant, le moral des princes fatigués de la lutte. Quand ils sont près de succomber sous les coups de deux grands capitaines, de Tilly et Wallenstein, qui commandent les armées impériales, c'est encore Richelieu qui appelle à la tête de la ligue protestante le roi de Suède, Gustave-Adolphe, le plus grand homme de guerre de cette époque. Gustave ébranle par ses victoires le trône de l'empereur Ferdinand II, et tombe sur le champ de bataille de Lutzen, au milieu de son triomphe. Mais ce maître dans l'art de vaincre a formé des élèves dignes de lui; Richelieu sait les gagner et les faire servir d'instrument à ses desseins (1634).

Cependant les forces de la France s'accroissent chaque jour. Richelieu a rétabli la discipline dans l'armée, la régularité dans l'administration, l'unité dans le pouvoir; il voit au dehors ses alliances avec la Hollande, avec la Suède, avec les princes protestants d'Allemagne solidement cimentées; il juge que le moment est venu pour la France d'entrer

elle-même en lice et de frapper les grands coups
(1635). La fortune déjoue d'abord ses plans et trahit
la valeur de nos soldats. Nos frontières sont enva-
hies; les impériaux pénètrent en France par la
Bourgogne; les Espagnols, maîtres des Pays-Bas,
par la Picardie. A Paris, l'alarme est vive; Richelieu ne se déconcerte pas. Bernard de Saxe-Wei-
mar, qu'il soudoie, gagne pour lui des batailles en
Allemagne; et tandis que l'Espagnol prend Corbie
auprès d'Amiens, et se voit à trente-cinq lieues de
la capitale de la France, Richelieu lui jette sur les
bras une révolte sérieuse en Catalogne, et en Portugal une révolution qui arrache à l'Espagne tout
un royaume et y fonde une dynastie nouvelle dont
Jean de Bragance est le chef (1638). Partout les
Français reprennent le dessus; ils se battent glo-
rieusement en Flandre, en Lorraine, sur le Rhin,
aux Pyrénées; l'empire est humilié, la branche espagnole décline pour ne plus se relever à son an-
tique grandeur; et quand viendront plus tard les
glorieux traités de Westphalie et des Pyrénées, dont
le génie de Richelieu aura préparé les résultats, la
France pourra dire avec raison qu'elle doit à ce
grand homme trois provinces, l'Alsace, l'Artois et
le Roussillon, et cette prépondérance de la politique et des armes que, pendant tout le XVIIe siècle,
elle fera sentir à l'Europe.

En armant les protestants de Hollande et d'Alle-

magne contre des souverains catholiques, mais ennemis de la France, Richelieu ne faisait que suivre
la politique de François Ier et celle d'Henri IV ;
toutefois on ne manqua pas de jeter les hauts cris
contre ce prince de l'Église catholique qui donnait
des secours à des hérétiques. L'ambassadenr d'Espagne s'emporta jusqu'à lui dire, assure-t-on :
« Comme auteur d'une guerre détestable, vous lais-
serez le souvenir d'un cardinal d'enfer. — Je suis
prêtre, lui répondit Richelieu, cardinal, et bon catholique, né en France, royaume qui ne produit
pas de mécréants ; mais je suis aussi ministre du
souverain de cet État, et comme tel je ne dois ni
ne puis me proposer d'autre but que sa grandeur,
et non celle du roi d'Espagne, dont on connaît les
vues pour la domination universelle. »

XXIX.

Administration intérieure.

Porté par sa nature aux grandes combinaisons
de la politique plutôt qu'aux détails des affaires,
Richelieu, d'ailleurs, ne fut pas maître assez paisible du pouvoir pour être en mesure d'accomplir de
profondes réformes dans l'administration intérieure
du pays. On lui doit néanmoins en ce genre d'utiles
améliorations dans toutes les branches principales

des services publics; il créa, au lieu de magistrats
élus par des corporations privilégiées, ou proprié-
taires de leurs offices, des intendants qui ne rele-
vaient que de l'autorité ministérielle, et qui impri-
mèrent à l'administration une action plus énergique
et plus prompte. Quant aux finances, toujours aux
prises avec les difficultés les plus graves, il fut
souvent réduit à de fâcheuses extrémités, comme
d'imaginer de nouveaux impôts, de créer des offices
de judicature en vue seulement du produit que la
vente de ces offices devait rapporter; mais on lui doit
d'avoir ramené, autant que l'esprit de ce temps le
permettait, l'égalité en matière d'impôt, en forçant
le clergé lui-même, exempt des taxes ordinaires,
à payer, par des subventions dites volontaires, sa
part des sacrifices que la guerre imposait au pays.
Il ne voulut entendre à cet égard à aucune doléance,
et répondit avec autant de bon sens que de fermeté :
« qu'il fallait bien que le clergé contribuât à payer
les armées du roi, lesquelles avaient arrêté partout
l'ennemi, qui, s'il avait pénétré dans le royaume,
aurait ruiné les églises et les ecclésiastiques. »

Nous avons plus haut montré Richelieu appli-
quant son génie et sa puissante volonté à relever
la marine française; il ne fit pas moins pour l'armée de terre. Là, aussi, une autorité intermédiaire,
inamovible et presque indépendante, venait se placer entre le souverain et les troupes qui doivent si

directement recevoir ses ordres. La connétablie investissait le chef militaire, revêtu de cette dignité, de priviléges exorbitants; et si elle n'effaçait le roi lui-même aux yeux de l'armée, elle détruisait du moins en grande partie l'autorité et la responsabilité ministérielles dans les choses de la guerre. Richelieu abolit à toujours la dignité de connétable, et, en resserrant les liens de la hiérarchie militaire, rendit à la royauté le maniement de l'armée plus facile et plus sûr. Une des causes principales d'indiscipline et d'affaiblissement de la force militaire du pays, c'était le manque ordinaire de ressources pour servir régulièrement la solde. Richelieu y donna tous ses soins. Comme l'épargne était vide trop souvent, et qu'il n'y fallait pas compter, il pourvut à l'entretien des troupes par des taxes spéciales qui ne pouvaient être détournées de cet emploi, et dont l'application aux besoins de l'armée fut faite par les mains mêmes des délégués des provinces; d'une autre part, il avait à cœur de protéger les campagnes contre la violence et le pillage, et il institua des commissaires spéciaux chargés de faire bonne justice aux habitants qui auraient à se plaindre des exactions des gens de guerre. Au siége de la Rochelle, et dans la double expédition qu'il dirigea lui-même contre la Savoie, il montra dans l'intérêt du soldat la sollicitude et les talents d'un administrateur consommé. Sous son œil vigi-

lant, l'armée ne vit plus dévorer sa subsistance et
sa solde par les rapines et les concussions; et elle
jouit d'un bien-être inconnu jusque-là, sans que le
trésor public en fût moins ménagé.

XXX.

Louis XIII et son ministre.

Jamais souverain, plus que Louis XIII, ne su-
bordonna la politique de son règne aux vues de son
ministre. On se ferait cependant une bien fausse
idée de ce prince, si on se le représentait comme
un monarque indolent, incapable de volonté, et
abandonnant sans lutte et sans regrets à son conseiller les rênes du gouvernement. Louis ne manquait pas d'une certaine énergie. Il aimait la guerre;
dans son expédition contre la ligue protestante, et
dans ses campagnes en Savoie, il avait montré de
l'habileté militaire et une bravoure brillante qui
rappelait le grand Henri. Son caractère, loin d'être
facile, était morose, défiant, et très-jaloux de ne
paraître déléguer à personne l'autorité royale. Il
n'aimait pas d'ailleurs Richelieu, et cette absence
de sympathie, dans les dernières années de sa vie,
devint presque de l'aversion. Mais, d'un autre côté,
une certaine droiture de sens lui faisait apprécier
son insuffisance pour les grandes affaires, dont

l'éloignait encore plus sa santé inégale et mauvaise. Il était frappé du génie ferme, vaste, fécond en expédients et en ressources du grand homme d'État que la Providence lui avait donné pour ministre. Le cardinal, d'ailleurs, se gardait bien de lui montrer les affaires sous un jour facile; on l'accusait même d'en multiplier le nombre et les complications de manière à ne pas cesser un seul jour de paraître nécessaire à l'esprit timoré d'un souverain qui toujours se défiait de lui-même. Enfin il y avait alors à l'intérieur tant de résistances à briser; à l'extérieur, des intérêts si gravement engagés dans la lutte avec de formidables puissances, que ce n'était pas trop, pour maîtriser les événements, de la main vigoureuse et de l'âme inflexible de Richelieu. L'exercice du pouvoir était pour lui semé d'ennuis et de déboires qui lui venaient de l'humeur variable, chagrine et soupçonneuse de Louis. Il les ressentait parfois très-vivement, et ne se faisait pas faute alors de récriminations amères. Louis allait toujours le premier vers la réconciliation. Richelieu le forçait, en définitive, à subir sa supériorité, et à lui laisser conduire les destinées du royaume; son but était atteint et sa haute ambition satisfaite.

Le cardinal n'aimait pas seulement les réalités du pouvoir; il en aimait aussi les signes extérieurs et la pompe. Tandis que Louis XIII se faisait servir

avec une extrême simplicité, le cardinal-ministre
s'entourait d'un grand faste; il précédait dans les
cérémonies publiques même les princes du sang.
Après la conspiration du comte de Chalais, nous
l'avons vu se faire donner une compagnie des
gardes. Après les intrigues de cour qui se dé-
nouèrent par la chute des Marillac et la fuite de la
reine mère, il fit ériger sa terre de Richelieu en
duché-pairie, et prit le titre étrange et sans précé-
dents de cardinal-duc. Il obtint le gouvernement
de Bretagne, et eut en outre à lui bon nombre de
citadelles et de villes fortifiées, ce que l'on appelait
alors des places de sûreté.

Connaître les hommes, bien juger de leurs mé-
rites divers, s'attacher ceux qu'une remarquable
spécialité recommande et les faire servir à ses desseins, ce fut toujours un des traits caractéristiques
du génie politique. Richelieu posséda dans un haut
degré ces qualités de l'homme d'État. Si, dans les
mauvais jours, il sortit à son honneur des crises les
plus redoutables, s'il obtint en tout temps de la
fortune tout ce qu'elle pouvait lui donner, c'est
qu'il fut toujours bien servi. Le premier il devina
Mazarin, l'habile ministre qui devait gouverner la
France après lui, dans un jeune Italien, abbé-di-
plomate au service de la cour de Rome. Lors des
négociations que le pape ouvrit à plusieurs reprises
pour se porter médiateur entre la France d'une

part, l'Espagne et la Savoie de l'autre, Richelieu fut singulièrement frappé de l'intelligence pleine de finesse et de pénétration de cet étranger. « Il ne connaissait personne, dit-il, qui eût un plus beau génie pour les affaires. »

Ce jugement une fois porté, il chercha à s'attacher ce jeune Italien. Il l'employa, depuis, maintes fois et avec succès dans des négociations difficiles, lui fit obtenir le chapeau de cardinal, et, à son lit de mort, le recommanda à Louis XIII, comme l'homme le plus initié à sa politique et le plus capable de la continuer.

XXXI.

Discrédit des deux reines.

La reine mère était dans l'exil, errant de Bruxelles à Londres, de l'Angleterre aux bords du Rhin, partout malheureuse et délaissée. Ses biens, et jusqu'à son douaire, avaient été confisqués ; elle manquait quelquefois même du nécessaire. En vain écrivait-elle au roi son fils : « Je ne veux point vous attribuer la saisie de mon bien et l'inventaire qui en a été fait, comme si j'étais morte. Il n'est pas croyable que vous ôtiez les aliments à celle qui vous a donné la vie. » Ses plaintes, souvent réitérées, n'arrivaient pas jusqu'au cœur de son fils ; son exil ne devait finir qu'avec sa vie ; et cette veuve d'Henri IV, cette mère de roi, mourut quelque temps avant le cardinal, à Cologne, dans un état d'abandon et de misère à exciter la compassion de tous.

Anne d'Autriche, qui, dans l'éclat de sa jeunesse et de sa beauté, n'avait pu obtenir ni empire sur l'esprit du roi, ni crédit à la cour, n'avait pas été plus heureuse dans les intrigues auxquelles elle s'était associée pour ruiner la puissance du cardinal. Vaincue dans cette lutte et délaissée, elle vivait tristement dans la compagnie de quelques femmes avec lesquelles elle se vengeait de son redoutable ennemi par des moqueries et des sarcasmes. Lui, de son côté, la surveillait et ne l'épargnait pas. Anne d'Autriche n'avait pas cessé d'entretenir un commerce de lettres avec son amie, la duchesse de Chevreuse, qui, obligée de fuir hors de France, cabalait à l'étranger. La politique n'était pas étrangère à cette correspondance. La reine, dans sa haine contre le cardinal, alla jusqu'à nouer elle-même des relations avec les cours rivales de la France, pour entraver les plans de la politique du ministre. Des dépêches interceptées livrèrent à Richelieu le secret de ces intrigues. L'appartement de la reine au couvent du Val-de-Grâce, où elle se retirait volontiers, fut fouillé ; ses papiers furent saisis ; elle subit un interrogatoire devant le chan-

celier Séguier; on la menaça de répudiation, et
elle fut obligée de recourir à l'entremise du cardinal pour obtenir du roi qu'il l'embrassât en signe
de pardon; il fallut, en outre, qu'elle promît de ne
retourner jamais à de pareilles fautes, et qu'elle
consentît que le roi fût désormais averti par ses
femmes de toutes les lettres qu'elle écrirait (août
1637).

Après vingt-deux ans de mariage, Anne d'Autriche devint mère; elle mit au monde un fils qui
fut depuis Louis XIV (5 septembre 1638). Ce fut une
grande joie en France, et la mère de cet héritier
du trône si longtemps désiré, espéra que cet heureux événement, en éveillant de nouvelles affections
chez le roi, lui donnerait à elle-même plus d'empire sur son esprit. Il n'en fut rien. Louis XIII,
comme son ministre, s'était habitué à ne voir dans
la reine qu'une princesse du sang espagnol, tout
entière par ses sympathies et par ses vœux avec les
ennemis du royaume. Obsédé d'ailleurs à son égard
de soupçons plus injurieux encore, il ne cessa de
la traiter avec une extrême froideur. Rien n'était
plus triste que l'existence de cette pauvre reine;
elle était de la part du premier ministre en butte à
des persécutions mesquines, qui portaient jusque
sur le choix de ses serviteurs et de ses femmes de
chambre.

XXXII.

Mariage de Gaston cassé par la volonté de Richelieu.

S'il humiliait à ce point la reine, Richelieu n'avait aucune raison pour ménager Gaston, le frère du roi, ce fauteur éternel de complots contre l'État et contre sa personne. L'échafaud du brave duc de Montmorency était à peine refroidi, que Gaston renouait de nouvelles trames ; tous ses projets avortèrent ; mais plusieurs gentilshommes payèrent encore de leur tête le malheur d'avoir reçu ses confidences. Le commandeur de Jars, impliqué dans cette affaire, n'eut sa grâce que sur l'échafaud. Gaston était alors à l'étranger : Richelieu le poursuivit dans la personne de tous ceux qui paraissaient entrer dans ses intérêts. Il avait épousé secrètement, et sans la volonté du roi, la sœur du duc de Lorraine. Ce mariage blessait les anciens principes de la monarchie. On punit le duc de Lorraine en envoyant contre lui une armée qui s'empara de Nancy, sa capitale. Quant au mariage, en vain les théologiens et la cour de Rome le regardaient-ils comme régulier et indissoluble, il fut solennellement cassé par un édit du conseil que Richelieu se chargea de faire enregistrer au parlement de Paris, et sanctionner par l'assemblée générale du clergé de France (1635).

XXXIII.

Favoris et confesseurs du roi.

Le cardinal concédait à l'humeur triste et ennuyée du roi des confidents ou favoris qui cherchaient à le distraire, et avec qui il épanchait ses secrets chagrins. Mais sitôt qu'ils cessaient de marcher selon les vues de l'impérieux ministre, ils tombaient bientôt en disgrâce. C'est ainsi que le duc de Saint-Simon qui avait possédé à un haut degré la confiance de Louis XIII, et celui-là même qui avait sauvé Richelieu, à la fameuse journée des Dupes, en l'introduisant à Versailles dans le cabinet du roi, fut, au gré du cardinal, éloigné de la cour et relégué dans la citadelle de Blayes.

Le roi s'attacha alors à une des filles d'honneur de la reine, Mlle de La Fayette. La beauté et l'esprit de cette personne captivaient le roi au plus haut point, et cet attachement d'un prince dévot et peu voluptueux se continua, même après que Mlle de La Fayette eut été chercher dans le couvent de la Visitation un abri contre les dangers de sa position à la cour. Richelieu en conçut d'autant plus d'ombrage qu'il supposait avec raison que Mlle de La Fayette servait les intérêts d'Anne d'Autriche, et travaillait de concert avec elle à ménager le rappel de Marie de Médicis; il prit alors le parti d'écrire au roi pour lui manifester son vif désir de déposer le fardeau des affaires, et d'aller chercher dans la retraite le repos et la santé. Louis XIII, alarmé, le pressa de garder le pouvoir, et pour mieux l'y décider, rompit ses relations avec la femme qu'il aimait (1637).

Les confesseurs des rois ont souvent exercé une grande influence sur les souverains dont ils dirigeaient la conscience. Louis XIII subit aussi cet ascendant. Le père Caussin, jésuite, qui devint son confesseur, jouit d'abord à la cour d'un assez grand crédit. Bientôt les deux reines, qui l'avaient attiré dans leur parti, se servirent de lui pour miner la faveur du cardinal de Richelieu, et notamment pour éveiller les scrupules du roi à l'égard des subsides que le cardinal-ministre donnait aux protestants de Hollande et d'Allemagne. Le père Caussin ne fut pas étranger non plus au plan habile qui devait faire servir l'amour du roi pour Mlle de La Fayette à obtenir le rappel de l'exil de Marie de Médicis, et à la rétablir dans son crédit. Richelieu ne tarda pas à saisir les fils de cette intrigue, et le père Caussin, disgracié, reçut l'ordre de partir sur-le-champ pour la basse Bretagne, où il demeura confiné. On donna pour confesseur au roi le père Sirmond, vieillard de quatre-vingt-huit ans, étranger aux intrigues de cour, et tout absorbé dans des recherches scientifiques.

XXXIV.

Révolte du comte de Soissons. — Sa victoire et sa mort.

Mais si le cardinal était infatigable pour rompre les trames ourdies contre l'État ou contre lui-même, ses ennemis ne l'étaient pas moins pour se jeter sans cesse dans les hasards de nouvelles entreprises. Depuis plusieurs années le duc de Bouillon donnait asile dans sa principauté de Sedan à plusieurs seigneurs ennemis du cardinal, et qui avaient été forcés, pour se soustraire à ses rigueurs, de quitter la cour. A leur tête était un prince du sang, le comte de Soissons, homme fier, énergique, constamment préoccupé de saisir l'occasion de renverser, même par les armes, l'homme d'État qui le tenait dans l'abaissement et dans l'exil. Il se sentait appuyé d'ailleurs par les sympathies d'une grande partie de la noblesse, qui ne pardonnait pas au terrible cardinal tant de coups qui l'avaient mutilée; enfin les intrigues de l'étranger le poussaient à une résolution hardie, et lui faisaient espérer les forces nécessaires pour en assurer le succès. Richelieu avait l'œil ouvert sur les conciliabules qui se tenaient à Sedan. Au mois de juin 1641, il fit signifier au duc de Bouillon qu'il ne donnât pas plus longtemps l'hospitalité au comte de Soissons. Le

refus était facile à prévoir, et une petite armée,
sous les ordres du maréchal de Châtillon, se trouva
prête à marcher vers la frontière pour observer et
intimider Sedan.

Cette initiative du cardinal mit fin aux indéci-
sions du comte et des autres seigneurs qui parta-
geaient sa fortune. Un jeune abbé, célèbre depuis
sous le nom de cardinal de Retz, et qui semblait
s'essayer à ce rôle d'agitateur qui a rempli toute sa
vie, vint trouver secrètement les princes à Sedan,
et en repartit chargé de préparer dans Paris même
un mouvement qui éclaterait au premier bruit d'un
succès remporté par les armes des conjurés. L'empire et la cour d'Espagne s'engagèrent à fournir de
l'argent et des troupes. De tous côtés les princes
appelèrent à eux les exilés et les aventuriers dispo-
sés à se ranger sous leur bannière. Quand ils eurent
ainsi composé une petite armée d'environ douze
mille hommes, ils ouvrirent les hostilités par un
manifeste où le cardinal-ministre et la direction
qu'il imprimait à la politique de Louis XIII étaient
attaqués avec la dernière violence.

Le roi et son ministre donnèrent une sérieuse
attention à cette prise d'armes, et le maréchal de
Châtillon eut ordre de tenir ferme jusqu'à ce que
Louis XIII en personne fût arrivé avec des renforts
qu'on dirigeait en toute hâte vers la Champagne;
mais le maréchal, ayant appris le passage de la

Meuse par les coalisés, crut l'occasion favorable
pour leur livrer bataille, et il les joignit dans une
plaine, près du bois de la Marfée. Les forces étaient
à peu près égales des deux côtés; l'action fut d'a-
bord vivement engagée par les troupes royales;
mais à l'une des ailes la cavalerie fit mal son devoir. Il y avait dans ses rangs beaucoup de nobles
qui secrètement faisaient des vœux pour le succès
des rebelles; ils soutinrent à peine le choc de l'ennemi, et se rejetèrent en désordre sur l'infanterie.
Celle-ci, ébranlée par ce mouvement et se sentant
privée d'appui, lâcha pied à son tour. Ce fut bientôt une déroute générale, dans laquelle le maréchal
de Châtillon lui-même se trouva entraîné. La victoire des coalisés fut complète, et l'armée royale,
battue et dispersée, laissa entre leurs mains un
grand nombre de prisonniers.

Épouvantés de ce désastre, le roi et le cardinal
tremblaient de voir Paris se soulever, et prenaient
les plus grandes précautions pour couvrir la Champagne, lorsqu'une nouvelle inattendue leur montra
le danger bien moindre qu'ils ne l'avaient redouté.
Le chef de l'entreprise, le seul des coalisés qui fût
vraiment à craindre, le comte de Soissons, avait
péri dans sa victoire. Cette mort, ignorée d'abord
des deux armées, et qui est restée couverte d'un
certain mystère, ne fut connue que lorsqu'après
l'action on releva les corps de ceux qui étaient

tombés sur le champ de bataille. Parmi ces cada-
vres on reconnut celui du comte, frappé en plein
front d'une balle qui lui avait brisé la tête. Avec
lui tombait toute la force de la coalition. Elle ne
fut pas longtemps à se dissoudre ; le duc de Bouillon
entra en pourparlers avec le gouvernement français
pour faire séparément sa paix aux meilleures conditions ; l'étranger rappela ses troupes ; et les conjurés les plus compromis s'en allèrent en Artois
guerroyer avec l'armée espagnole contre les troupes
royales (août 1641).

XXXV.

Faveur de Cinq-Mars. — Sa conspiration.

Dans ce même temps, Richelieu, que rien ne
rassurait contre la crainte de se voir supplanté
dans la confiance du roi, avait pris ombrage de
l'affection de Louis XIII pour Mme d'Hautefort, une
des dames d'atour d'Anne d'Autriche ; afin de l'en
détacher, il entraîna le roi dans un voyage sur les
frontières, et mit le temps à profit pour placer auprès de lui et pousser assez avant dans la faveur
royale une de ses créatures, le fils du marquis d'Ef-
fiat. Cinq-Mars, jeune homme de dix-neuf ans,
qu'il avait distingué pour son extérieur agréable,
son humeur enjouée et un grand charme de con-

versation et de manières. Ce jeune courtisan,
guidé par les conseils de Richelieu, s'insinua si bien
dans l'affection du roi, que celui-ci, de retour de
son voyage, non-seulement ne renoua point avec
Mme d'Hautefort, mais même la bannit de la cour
et de Paris. L'alliance entre le favori et le ministre
parut quelque temps sincère. Cinq-Mars secondait
les vues du cardinal en inspirant de plus en plus à
Louis XIII de l'éloignement pour la reine; il avait
soin, selon ses instructions, de lui rapporter chaque jour ce que le roi avait pu dire de lui dans ses
boutades de mauvaise humeur qui n'étaient que
trop fréquentes; de son côté Richelieu s'entremit
plusieurs fois pour faire cesser des brouilleries sur-
venues entre le roi et son favori; Louis XIII s'irri-
tait surtout des mauvaises mœurs de Cinq-Mars et
de ses amours avec une célèbre courtisane, Marion
de Lorme. Cependant son attachement pour ce
jeune homme était si vif, qu'il lui pardonnait même
d'étranges inconvenances; il ne pouvait se passer
de sa conversation, l'accablait de ses libéralités, et
ne l'appelait plus que *cher ami*.

Cinq-Mars, d'un caractère vain et léger, ne fut
pas longtemps sans croire sa faveur assez affermie
pour n'être plus obligé de ménager le cardinal. Les
ennemis de celui-ci ne manquèrent pas de l'entou-
rer, de l'aigrir contre son protecteur, de flatter ses
rêves d'ambition, et de lui persuader qu'après

avoir conquis la faveur, il pouvait atteindre à la puissance. Le roi l'avait élevé à la dignité de grand écuyer de France; il eut la prétention d'avoir accès au conseil des ministres; il aspira à la qualité de duc et pair. Richelieu, offusqué d'une ambition si peu justifiée, montra clairement au favori, par ses paroles et par ses actes, qu'il était décidé à lui barrer le chemin. Dès ce moment, il y eut entre eux une haine irréconciliable; Cinq-Mars, avec l'emportement irréfléchi de son naturel, vint bientôt se livrer à son terrible ennemi : il conspira.

On assure que ce qui enhardit le plus ce favori à se mettre à la tête d'un complot contre Richelieu, ce fut l'humeur chagrine avec laquelle le roi, dont la santé était profondément altérée, semblait depuis quelque temps supporter le joug de son premier ministre. Dans des conversations intimes avec son confident, il se plaignait d'un ton plein d'aigreur de la hauteur et du faste du cardinal, à tel point que le jeune courtisan fut amené plus d'une fois à parler des moyens de l'en débarrasser. Le roi laissa tomber ces propos; mais Cinq-Mars, plein d'espoir d'être amnistié de ce côté, s'il venait à réussir, et excité par les ennemis du cardinal, se résolut enfin à avoir des conférences secrètes avec les chefs du parti qui ne cessait de comploter la perte de Richelieu.

Il vit le duc de Bouillon, avec qui la cour avait

composé depuis la bataille de la Marfée et la mort du comte de Soissons, et qui, sous les apparences d'une réconciliation, nourrissait contre le cardinal une haine profonde. Ensemble, ils n'eurent pas de peine à décider Gaston, duc d'Orléans, à se joindre à eux pour se venger enfin de son ennemi, jusque-là toujours victorieux. Le plan de la conspiration fut dressé. La mort de Richelieu en était le but principal; un traité secret fut négocié avec l'Espagne au nom du duc d'Orléans. Cette puissance s'engageait à fournir aux conjurés une armée et des subsides. Un conseiller d'État, de Thou, fils de l'illustre magistrat et historien de ce nom, eut le malheur d'apprendre, par une indiscrétion, l'existence du traité et la conspiration. On assure qu'ami de plusieurs des conjurés, et particulièrement de Cinq-Mars, il ne leur épargna pas les observations sur la voie pleine de périls où ils s'engageaient; mais il était au nombre des ennemis les plus ardents du cardinal, et il laissa trop voir que c'était moins le but du complot que l'incertitude de la réussite qui causait son déplaisir.

XXXVI.

Voyage de Narbonne. — Déclin de la faveur de Richelieu.

Cependant Richelieu soupçonnait, à de certains

indices, qu'un complot s'ourdissait contre lui ; mais il n'en pouvait saisir les fils, et ne savait le moment où il était menacé de le voir éclater. Il était inquiet et dans des dispositions d'esprit d'autant plus tristes, qu'il était visible pour tous que la confiance et l'amitié du roi se retiraient de lui. Louis XIII partait alors pour Narbonne, d'où il comptait diriger l'expédition contre le Roussillon, sur la frontière d'Espagne. Le cardinal, malgré le délabrement de sa santé, ne voulut pas le quitter dans de pareilles conjonctures

« Il résolut, dit l'abbé Siri, de ne point perdre de vue ce monarque pendant tout le voyage, et de loger toujours avec lui dans les mêmes lieux où il s'arrêterait le long de la route, quoiqu'il pût en être incommodé, et que ce fût contre sa coutume ordinaire et l'usage qu'il avait pratiqué jusque-là ; il se fit même un plan de le voir régulièrement deux fois par jour, le soir et le matin, afin d'être à portée de détruire les mauvaises impressions qu'on pouvait lui donner à tous moments de sa conduite, et les cabales qui se faisaient contre sa personne....

« Tombé grièvement malade à Narbonne, le cardinal n'avait pu suivre le roi, qui était allé mettre le siége devant Perpignan. Outre l'affliction du corps que sa maladie lui causait, son âme s'abandonnait encore à de tristes réflexions qui le plon-

geaient dans un noir chagrin ; il craignait que le
jeune Cinq-Mars ne se prévalût de son absence
pour achever de le ruiner entièrement dans l'esprit de Sa Majesté ; c'est pourquoi il faisait tout
son possible pour engager ce monarque à revenir
à Narbonne, lui mandant tous les jours qu'il avait
des affaires très-importantes au bien de son
royaume à lui communiquer.... Mais ce prince,
qui ne pouvait plus souffrir la vue de son premier
ministre, et qui voulait lui seul, et sans son assistance, faire une glorieuse conquête, était demeuré
sourd à toutes ses instances, et témoignait même
peu de curiosité de s'informer de l'état de sa santé ;
ce qui le mit dans une telle défiance et appréhen-
sion que, se croyant abandonné de son souverain
et livré à la merci de ses ennemis, il prit le parti
de s'éloigner d'un lieu où il était environné de
périls de tous côtés. »

XXXVII.

Découverte de la conspiration.

Richelieu, réfugié à Tarascon, sous prétexte
d'user des eaux minérales qui sont dans le voisinage, y attendait dans un morne abattement
l'issue des intrigues et des complots dont il était
l'objet. Mais alors la situation de celui qui avait

juré sa perte n'était pas plus brillante que la
sienne. Cinq-Mars, ébloui de sa fortune, emporté
par ses passions, semblait avoir pris à tâche de
contrarier toutes les inclinations du roi, de ne
se gêner en rien pour lui plaire, et de s'éloigner
d'autant plus que le roi témoignait plus de désir
de l'avoir auprès de lui. Une conduite aussi extra-
vagante ne tarda pas à porter ses fruits; le roi se
refroidit visiblement pour Cinq-Mars; il l'admet-
tait plus rarement auprès de sa personne, et le
favori comprit enfin, mais trop tard, que son crédit à la cour ne tenait plus qu'à un fil. Les courtisans le voyaient bien; et c'était vainement que
Cinq-Mars, pour faire croire au maintien de sa
faveur, avait recours à de petites ruses. On raconte qu'il lui arrivait souvent alors de se cacher
dans quelque réduit, pendant deux ou trois heures, après que le roi était couché, pour laisser
supposer ensuite qu'il sortait d'auprès de ce
prince, et qu'il avait passé tout ce temps-là au
chevet de son lit, comme cela lui arrivait dans les
commencements. La marche de la conspiration
n'était pas plus heureusement dirigée. Les lenteurs
calculées du duc d'Orléans, qui tremblait de s'at-
taquer encore une fois au terrible cardinal, et
divers autres contre-temps, joints aux indiscrétions
de Cinq-Mars, mettaient à chaque instant les conjurés en péril d'être découverts avant l'exécution

de leur dessein. Enfin dans les rangs mêmes de
l'armée Richelieu avait des amis nombreux et
dévoués; on les appelait les *cardinalistes*. Les par-
tisans de Cinq-Mars, et tous les ennemis du premier ministre, prenaient le nom de *royalistes*.
Louis s'adressant un jour à un capitaine de ses
gardes : « Je sais, lui dit-il, que mon armée est
partagée en deux factions, les royalistes et les
cardinalistes, pour qui tenez-vous? — Pour les
cardinalistes, sire, répondit fièrement l'officier,
car le parti du cardinal est le vôtre. » Le roi ne
releva pas cette réponse hardie. Celui qui la faisait
s'appelait Fabert; issu d'une famille bourgeoise de
Metz, il fut le premier soldat français qui, sans
être noble, parvint à la dignité de maréchal de
France.

Les choses en étaient là, lorsqu'un jour Richelieu reçut à Tarascon un paquet cacheté, d'une
origine inconnue. Il l'ouvrit, et y trouva la copie
du traité passé avec l'Espagne au nom du duc
d'Orléans, traité qui lui livrait tout le secret de la
conspiration. Le cardinal fut rayonnant de joie,
car il avait en main de quoi perdre ses ennemis et
ressaisir tout son crédit auprès du roi. A l'instant
même il envoya un de ses affidés à Louis XIII, pour
lui mettre sous les yeux la preuve des complots et
des trahisons dont il était entouré (1642).

Cette découverte jeta le plus grand trouble dans

l'esprit du roi. Retenu par un reste d'affection, il
hésitait à livrer son favori à la vengeance de Richelieu et aux sévérités de la justice; pour lever
ses scrupules, on eut recours au père Sirmond,
son confesseur. Celui-ci n'eut pas de peine à lui
démontrer l'énormité de ce complot qui s'appuyait
sur l'étranger, et la nécessité de punir les coupables; il donna enfin l'ordre d'arrêter Cinq-Mars,
qui, ne pouvant sortir de Narbonne, se tint d'a-
bord caché chez un marchand de cette ville, dont
la femme lui avait accordé refuge; mais le mari
intimidé le livra aux gardes qui le cherchaient.
De Thou fut également arrêté à Narbonne, et le
duc de Bouillon à l'armée d'Italie qu'il commandait. Gaston se tenait alors loin de la cour, en
Auvergne; on le mit tout d'abord dans l'impossi-
bilité de fuir. Dès qu'il connut l'arrestation de
Cinq-Mars, il s'empressa de jeter au feu l'original
du traité avec l'Espagne; puis il dépêcha vers le
cardinal un de ses affidés chargé de présenter en
son nom les plus humbles excuses et les plus indignes supplications. Richelieu répondit d'un ton
froid et sévère à cet envoyé : « Que le duc d'Orléans avait mérité la mort; que, si par grâce extrême on lui laissait la vie, c'était à condition
qu'il fournît au roi les moyens de connaître et
d'atteindre ses complices, et qu'il livrât le traité
avec l'Espagne. » Ce malheureux prince ne recula

devant rien ; il se fit le dénonciateur de ses amis ;
et pour procurer contre eux des preuves, à défaut de l'original du traité qu'il avait brûlé, il en
livra une copie restée entre ses mains.

Dans ces jours de crise, Louis sentait le besoin
de s'appuyer de nouveau sur Richelieu. Tout malade qu'il était lui-même, il se fit porter à Tarascon chez le cardinal. On vit alors un étrange
spectacle ; un lit fut dressé pour le roi à côté de
celui de son ministre ; et ces deux hommes, dont
la vie était prête à s'éteindre, s'entretenaient du
sort qu'ils réservaient à leurs ennemis vaincus et
prisonniers. Louis était plein d'effusion pour le
cardinal et semblait lui demander pardon d'avoir
un instant méconnu sa fidélité et ses services. Richelieu se montrait généreux envers son souverain, implacable envers les malheureux compromis dans la conjuration. Après cette entrevue, le
roi prit congé de Richelieu et regagna tristement
Paris ; le cardinal partit pour Lyon, remontant
le Rhône et traînant derrière lui un de ses cap-
tifs, de Thou, dans un bateau attaché au sien
(17 août 1642).

XXXVIII.

Procès et supplice de Cinq-Mars et de de Thou.

Cinq-Mars et de Thou furent traduits devant une commission composée de magistrats et de conseillers d'État. Au nombre de ces derniers figurait un personnage sinistre, Laubardemont, dont le nom demeuré infâme sert encore aujourd'hui à caractériser la servilité cruelle qui prend le masque de la justice. Dans l'instruction de son procès, Cinq-Mars avait laissé entendre que le roi connaissait et ne désavouait pas ses projets contre le cardinal, à l'époque de la conjuration. Le faible Louis XIII descendit jusqu'à se justifier devant son ombrageux ministre, et à charger lui-même son ancien favori. Il écrivit au chancelier Séguier, président de la commission, une lettre où il reconnut que Cinq-Mars lui avait proposé de se défaire du cardinal; mais il affirmait en même temps qu'il avait repoussé avec horreur « cette mauvaise pensée, quoi qu'en pût dire ce grand imposteur et calomniateur Cinq-Mars. »

L'accusation d'avoir traité avec les ennemis de l'État était parfaitement justifiée vis-à-vis des chefs du complot. De Thou, quoiqu'il y eût peut-être pénétré plus avant que son devoir ne le permettait,

ne pouvait être judiciairement convaincu de com-
plicité ; et le chancelier Séguier, qui espérait le
sauver, insistait sur ce point. Mais Laubardemont
rapporta une ancienne ordonnance de Louis XI,
ignorée de tous, qui assimilait les non-révélateurs
aux auteurs du crime qu'ils n'avaient pas dé-
noncé. En même temps, par une manœuvre in-
digne, il dit à l'oreille de Cinq-Mars que de Thou
avait tout confessé ; celui-ci dès lors ne cacha plus
rien des circonstances les plus compromettantes
pour son ami. Tous deux furent condamnés à
mort, et conduits au supplice le jour même de
leur condamnation. Ils montrèrent à leurs derniers moments un calme et une résignation religieuse qui achevèrent d'exciter profondément en
leur faveur la compassion du peuple. Tous deux
eurent la tête tranchée à Lyon, sur la place des
Terreaux (12 septembre 1642). On raconte que
Louis XIII, instruit du jour et du moment de l'exécution, se promenant à Saint-Germain, tira froidement sa montre, et regardant l'heure, dit à
ceux qui l'entouraient : « Cher ami doit faire à
présent une laide grimace. »

XXXIX.

Retour triomphal de Richelieu.

Richelieu quitta Lyon après que Cinq-Mars et de Thou eurent été exécutés. Il s'achemina vers Paris, tantôt sur un bateau qui descendait la Loire, tantôt porté par ses gardes dans une magnifique litière où se trouvaient, outre son lit, des siéges pour deux personnes qui l'accompagnaient dans sa route. Les porteurs ne marchaient que la tête découverte; sa litière était si vaste et si haute qu'on abattait devant elle des pans de murailles, les portes des villes et des édifices s'étant trouvées trop étroites pour lui donner passage; il arriva ainsi à Paris le 17 octobre, au milieu de la foule étonnée et terrifiée en présence d'un pareil triomphateur.

Plusieurs des complices de Cinq-Mars étaient parvenus à sortir de France, ou s'y tenaient cachés. Le duc de Bouillon dut la vie à Richelieu qui avait moins de goût à faire tomber sa tête qu'à devenir maître de la forte ville de Sedan que le duc possédait. Il lui fit comprendre, dans sa prison, à quelle condition il pouvait se sauver de l'échafaud; et moyennant la cession de cette place au roi, le duc obtint sa grâce entière. Quant au duc d'Orléans, il avait, comme nous l'avons vu, acheté la clémence de Richelieu en lui livrant ses amis. Il en fut quitte pour être condamné à vivre quelque temps éloigné de la cour. Après la mort de Louis XIII, Fontrailles, gentilhomme compromis dans la conspiration de Cinq-Mars, celui-là même qui avait négocié, au nom du duc d'Orléans, le traité avec l'Espagne, et qui n'avait échappé à la mort qu'en fuyant en Angleterre, tira vengeance de cette manière de l'égoïsme du prince : Un jour qu'il assistait auprès du duc d'Orléans à un spectacle public, une planche de l'amphithéâtre s'étant rompue sous lui, le prince lui tendit la main pour l'aider à se retirer du trou où il était tombé : « Je suis bien obligé à Votre Altesse, lui dit Fontrailles en le saluant profondément, je puis me vanter d'être le premier de ses serviteurs qu'elle ait tiré de l'échafaud. »

Vers ce même temps, les armes du roi étaient victorieuses dans le Roussillon ; mais un grave échec essuyé sur la frontière de Picardie, à Honnecourt, jeta pour quelque temps en France une alarme exagérée. L'opinion était si bien établie que le calcul dominant du premier ministre était de se rendre nécessaire à tout prix, qu'on prétendit qu'il avait donné l'ordre au marquis de Guiche, une de ses créatures, de se faire battre par les Espagnols dans cette rencontre, afin que

le ro , alarmé des progrès de l'ennemi au nord
de la France , sentît vivement le besoin de toute
l'habileté de son ministre pour écarter ce danger.
Est-il besoin de dire que les ambitions de la trempe
de celle de Richelieu ne s'abaissent pas jusqu'à
la trahison?

Le cardinal rentra à Paris plus puissant, plus redouté que jamais, et au fond dévoré de soucis. Il
trouva tous les cœurs épouvantés des scènes sanglantes qui venaient de se passer à Lyon. Pour faire
diversion à ces lugubres impressions, il eut l'idée
de faire représenter, sur le théâtre qu'il avait lui-
même fait bâtir dans son palais, une comédie
nouvelle en musique et à machines, ce que nous
appelons aujourd'hui *opéra*, montée par ses soins.
Le public admis à cette représentation eut l'air
de se récréer beaucoup, et combla le cardinal de
louanges. Pour lui, on remarqua qu'il était absorbé
dans de sombres pensées dont rien ne pouvait le
distraire. Le souvenir de Cinq-Mars l'obsédait ; il
voyait Louis XIII encore entouré des amis et des
créatures du grand écuyer qui était surtout aimé de
la maison militaire du roi. Cinq-Mars pouvait y
trouver des vengeurs. Richelieu craignait, s'il allait
rejoindre la cour à Saint-Germain, quelque attentat
sur sa personne : il craignait plus encore, s'il restait
loin du roi, que la haine de ses ennemis ne parvînt
à ruiner son crédit et son autorité. Ses exigences

comme ses soupçons devenaient extrêmes : tantôt il pressait le roi, sous prétexte d'avoir à lui communiquer des choses de haute importance, de lui accorder une entrevue particulière, en lieu sûr, à Saint-Maur ou au bois de Boulogne ; tantôt il mettait pour condition de la visite qu'il ferait lui-même à son souverain, que ses gardes l'accompagnassent avec leurs armes jusque dans l'antichambre royale, et qu'ils fussent en même nombre que ceux du roi. Enfin il alla jusqu'à exiger de Louis, qu'il renvoyât d'auprès de sa personne ses officiers les plus dévoués et qu'il aimait le plus, et cela, en raison de l'attachement qu'ils avaient eu autrefois pour le grand écuyer. Sur ce dernier point il lui fallut revenir plusieurs fois à la charge, et pour l'emporter il fit mine, prenant prétexte du triste état de sa santé, de vouloir absolument passer dans le repos le peu de temps qui lui restait à vivre ; et il cessa, en effet, un moment de s'occuper d'affaires et de donner audience aux ambassadeurs et autres envoyés des puissances étrangères. Louis XIII avait reçu d'abord avec colère l'audacieuse proposition du cardinal, et chassé de sa présence l'affidé que son ministre avait chargé de la lui porter. Mais à la fin, la crainte d'être accablé sous le poids des affaires, quand il serait privé de l'homme qui les menait depuis si longtemps, prévalut sur toute autre considération, et Louis XIII, le cœur ulcéré contre le ministre qui l'humiliait à ce point, renvoya bon nombre de ses officiers et serviteurs, en les comblant toutefois des marques de son estime et de ses regrets (1er décembre 1642).

XL.

Derniers moments de Richelieu.

Ce fut la dernière victoire de Richelieu, et il n'en jouit pas. Sa santé minée par les travaux, par les soucis du pouvoir, et en dernier lieu par le chagrin de ne plus rencontrer chez le roi qu'une secrète aversion, finit par succomber. « Son état était si pitoyable, dit un auteur contemporain, qu'il faisait pitié à tous ceux qui le voyaient, même jusqu'à ses propres ennemis. » Des abcès qu'il avait au bras s'étant fermés, le mal se porta sur la poitrine; et bientôt le bruit de sa fin prochaine se répandit. Le roi vint lui rendre visite et essaya de lui donner quelques consolations. « Sire, lui dit le cardinal, voici le dernier adieu. En prenant congé de Votre Majesté, j'ai la consolation de laisser son royaume plus puissant qu'il n'a jamais été et vos ennemis abattus. Le conseil de Votre Majesté est composé de personnes capables de la bien servir; elle fera sagement de les conserver auprès d'elle. » Il recommanda ensuite au roi ses neveux et les autres membres de sa famille.

Sentant ses forces défaillir de plus en plus, Richelieu demanda à ses médecins de s'expliquer, et de lui dire combien de temps il pouvait vivre encore. Ceux-ci, s'efforçant de lui déguiser jusqu'au bout la vérité, lui répondirent : « Que Dieu qui le voyait si nécessaire au bien de la France ferait quelque coup de sa main pour le lui conserver. » Richelieu, qui à ce moment suprême ne voulait plus être flatté, secoua la tête, et faisant signe à celui des médecins en qui il avait le plus de confiance : « Parlez-moi, lui dit-il, à cœur ouvert, non en médecin, mais en ami. — Monseigneur, dans vingt-quatre heures, vous serez mort ou guéri. — C'est parler, cela, dit Richelieu ; je vous entends. » Et il se recueillit pour mourir.

Quels qu'eussent été pendant sa vie ses passions et ses écarts, Richelieu, prince de l'Église, voulut mourir en chrétien et donner cet exemple au monde. Comme son confesseur lui demandait s'il pardonnait à ses ennemis : « Je n'en ai jamais eu d'autres, répondit-il, que ceux de l'État. » Lorsqu'on lui apporta le viatique et qu'il vit l'hostie consacrée s'approcher de son lit, il dit tout haut ces paroles : « Voilà mon juge, qui doit bientôt prononcer mon arrêt. Je le supplie de me condamner, si, pendant mon ministère, j'ai eu d'autre objet que le bien de l'État, le service de mon souverain, la gloire de Dieu et les avantages de la religion. »

Ceux qui assistaient à cette scène solennelle contemplaient avec effroi ce terrible cardinal prêt à aller rendre compte à Dieu. En entendant ces dernières paroles, l'évêque de Lisieux ne put s'empêcher de dire tout bas : « Voilà une assurance qui m'épouvante. »

Le prêtre qui l'assistait à son lit de mort songeait à lui épargner certaines formalités qui accompagnent le dernier sacrement, disant qu'une personne de son rang n'était pas tenue de les observer. Le cardinal voulut être traité comme le plus humble mourant et se soumit à tout.

« Le 3 décembre, après midi, le roi vint voir le cardinal une dernière fois. Les médecins, n'espérant plus rien, avaient abandonné le malade à des empiriques qui lui procurèrent un peu de soulagement; mais sa faiblesse croissait : dans la matinée du 4, sentant les approches de la mort, il fit retirer sa nièce, la duchesse d'Aiguillon, « la personne qu'il avait le plus aimée, » selon ses propres paroles : ce fut le seul moment, non pas de faiblesse, mais d'attendrissement qu'il eut; son inébranlable fermeté ne s'était pas démentie pendant ses longues souffrances. Toute l'assistance, ministres, généraux, parents et domestiques, fondait en larmes; car cet homme terrible était, de l'aveu des contemporains qui lui sont le moins favorables, « le meilleur maître, parent et ami qui

« ait jamais été. » Vers midi, il poussa un profond soupir, puis un plus faible, puis son corps s'affaissa et demeura immobile, sa grande âme était partie ! (4 décembre 1642.)

« Il avait vécu cinquante-sept ans et trois mois.

« Dieu sait le secret de la confiance avec laquelle cet homme qui avait été si peu miséricordieux, attendait la miséricorde du souverain juge. Les mystères des jugements divins sont insondables, mais les hommes ont absous, autant qu'il leur appartient, le ministre des rigueurs salutaires, l'héroïque laboureur dont la faux a si bien nettoyé notre sol et creusé si profondément les sillons où devait germer une société nouvelle. C'est en vain qu'aux époques de désordre et d'abaissement national, l'esprit aristocratique et l'esprit anarchique, si souvent alliés en France, ont cherché à obscurcir la renommée du plus grand ministre qu'ait enfanté l'ancienne monarchie. Tant qu'il y aura une France, le souvenir de Richelieu sera glorieux et sacré[1]. »

Aux funérailles de ce grand homme, le peuple alluma des feux de joie ; la cour, quelque temps incertaine de savoir si la politique du cardinal ne lui survivrait pas, dissimula ses impressions. Néanmoins les prisons d'État s'ouvrirent. Louis XIII res-

---

1. Henri Martin, *Histoire de France.*

pira plus librement, se sentant allégé d'un joug bien lourd ; mais il retomba bientôt dans ses anxiétés, effrayé d'avoir à diriger sans le secours de cette puissante main les affaires de son royaume.

XLI.

Vie privée de Richelieu.

Pour achever l'esquisse de cette grande figure historique, il nous reste à donner quelques détails sur la personne de Richelieu, et à rassembler plusieurs traits empruntés surtout à sa vie privée.

Richelieu, malgré sa complexion faible, avait une taille élégante et un extérieur imposant. Sa démarche était fière, son œil pénétrant, ses traits sévères et fins tout à la fois. Dans les relations privées il savait être, quand il le voulait, simple et affable. Nous avons vu qu'il était aimé de tous ses serviteurs. Son instruction était vaste, sa conversation spirituelle et semée de vives saillies. Il avait toujours auprès de lui quelques familiers, gens d'esprit facétieux, avec lesquels il prenait grand plaisir à se délasser de ses travaux d'homme d'État ; il s'amusait de leurs bons mots et se faisait conter par eux les intrigues et les histoires qui occupaient la cour et la ville.

On ne lira pas sans intérêt les détails intimes qu'un biographe contemporain[1] nous a laissés sur les habitudes de travail et de dévotion du célèbre cardinal :

« Il se couchait ordinairement sur les onze heures, et ne dormait que trois ou quatre heures. Son premier somme passé, il se faisait apporter de la lumière et son portefeuille, pour écrire lui-même, ou pour dicter à une personne qui couchait exprès en sa chambre, puis il se rendormait sur les six heures, et ne se levait ainsi qu'entre sept et huit.

« La première chose qu'il faisait, après avoir prié Dieu, était de faire entrer ses secrétaires pour leur donner à transcrire les dépêches qu'il avait minutées la nuit; et l'on a remarqué que quand c'était quelque dépêche considérable, ou quelque autre pièce d'importance, il ne leur donnait que le temps juste pour une seule copie, de crainte que la curiosité ne les portât à en faire deux, et après avoir en leur présence collationné la copie sur la minute, il retenait l'une et l'autre par-devers lui.

« Il s'habillait ensuite, et faisait entrer ses ministres, avec lesquels il s'enfermait pour travailler jusqu'à dix ou onze heures. Puis, il entendait la messe, et faisait, avant le dîner, un tour ou deux

---

1. Auberi, *Histoire du cardinal duc de Richelieu*, 1660.

de jardin, pour donner audience à ceux qui l'attendaient.

« Après le dîner, il se donnait quelques heures d'entretien avec ses familiers ou avec ceux qui avaient dîné à sa table ; puis, il employait le reste de la journée aux affaires d'État et aux audiences pour les ambassadeurs des princes étrangers, et les autres personnes publiques. Sur le soir il faisait une seconde promenade, tant pour se délasser l'esprit que pour donner audience à ceux qui ne l'auraient pu avoir le matin....

« Il ne manquait pas tous les dimanches de se confesser et de communier, à moins qu'il ne fût malade ; et le faisait avec tant d'humilité, de ferveur et de tendresse, qu'on lui voyait pour l'ordinaire les yeux tout mouillés de larmes.

« Ses maladies et ses indispositions ordinaires l'empêchant de célébrer la messe aussi souvent qu'il l'eût voulu, il ne manquait pas au moins de la dire toutes les grandes fêtes, et toutes les fêtes de Notre-Dame, à laquelle il était particulièrement dévot, et dont il croyait la protection absolument nécessaire pour le gouvernement des États.

« Mais sa piété ayant, sans comparaison, plus de solidité que de montre, il faisait ordinairement ses dévotions de très-grand matin, sans autres témoins que son confesseur, son maître de chambre, son aumônier, quelques officiers de ses gardes et ses

valets de chambre ; et se levait pour cet effet à une
heure ou deux après minuit, au réveil de son premier somme ; puis se recouchait pour se relever et
entendre la messe aux heures ordinaires. »

XLII.

Contrastes.

La nature humaine est composée d'éléments si
divers, que dans la vie des hommes, même les plus
éminents, il faut s'attendre à d'étranges contrastes.
Ainsi nous avons vu Richelieu au gouvernail de
l'État, grand et profond politique. Il s'était d'abord
montré à nous comme un pieux prélat, tout occupé
du salut de ses ouailles, de la conversion des hérétiques, et composant des livres de dévotion. Au
siége de la Rochelle, dans la guerre contre la Savoie, l'histoire nous le présente sous le harnais
militaire, marchant à la tête des troupes, monté
sur un cheval de bataille, ayant un plumet au chapeau, l'épée au côté, la poitrine couverte d'une
cuirasse, et précédé de deux pages portant, l'un
son casque, l'autre son gantelet.

Dans le *Palais-Cardinal* qu'il avait bâti comme
pour un roi, nous le voyons s'entourant d'hommes
de lettres, et se faisant lui-même auteur de comé-

dies et de tragédies. Pour faire représenter les pièces qu'il compose en commun avec quelques poëtes à ses gages, il élève à grands frais, dans son palais, une salle de spectacle. A l'occasion de sa tragédie de *Mirame*, Fontenelle nous le montre avec toutes les vanités d'un auteur vulgaire. « J'ai ouï dire, rapporte-t-il, que les applaudissements que l'on donnait à cette pièce, ou plutôt à celui que l'on savait y prendre beaucoup d'intérêt, transportaient le cardinal hors de lui-même; que tantôt il se levait et se tirait à moitié du corps hors de sa loge pour se montrer à l'assemblée, tantôt il imposait silence pour faire entendre des morceaux encore plus beaux. »

Auprès des dames, Richelieu est raffiné en galanterie; il parle le jargon prétentieux des romans de cette époque; il assiste à des thèses d'amour, et il passe de la salle du conseil du roi dans la ruelle des beautés célèbres de cette époque.

Enfin c'est le même homme qui croit ou feint de croire à la magie, à la sorcellerie, et qui, sur de pareilles accusations, envoie au bûcher un malheureux prêtre, Grandier, curé de Loudun.

XLIII.

Fondation de l'Académie française. — Pierre Corneille.

Richelieu n'aimait pas seulement les lettres pour les plaisirs qu'elles donnent à qui les cultive; sa haute raison comprenait l'importance de leur rôle comme véhicule des idées et mobile de civilisation. De ce côté encore il pressentait les brillantes destinées de la France et il avait à cœur de les préparer. Il ne lui avait pas échappé que la langue française était appelée plus que toute autre par sa clarté et sa précision à vulgariser les créations de l'esprit humain, à servir de lien entre les peuples, et à favoriser les progrès de la véritable sociabilité. Mais pour atteindre ce but élevé la langue française avait besoin d'être contrôlée avec soin, dégagée de beaucoup d'alliage, ramenée à des principes fixes et toujours défendue contre des nouveautés qui en dénatureraient le génie et en amoindriraient les services. Quelques hommes de lettres avaient eu la pensée de s'assembler pour exercer, dans leur sphère d'action, cet utile contrôle sur les écrits de l'époque et sur la langue en général. Richelieu s'empara de cette idée pour l'agrandir, et l'Académie française fut fondée par lettres patentes de janvier 1635.

Au nombre des poëtes dont il recherchait le commerce et les suffrages et qu'il associait même à la composition de ses œuvres dramatiques, se trouvait un jeune auteur de Rouen, déjà connu par quelques comédies; il s'appelait Pierre Corneille. Richelieu prisait son talent et le faisait participer à ses largesses; mais il lui trouvait l'humeur trop indépendante. Le jeune poëte, de son côté, qui sentait son génie, faisait à regret plier sa fierté devant les habitudes impérieuses que le cardinal-ministre transportait du terrain des affaires dans le domaine des lettres. Leur association dura peu. Quand Corneille peu après se révéla tout entier, quand le *Cid* parut, le premier sentiment de Richelieu, il faut bien le dire, ne fut pas de se joindre à l'élan d'enthousiasme qui salua ce chef-d'œuvre, honneur de notre théâtre naissant. Oubliant que la politique avait fait assez large sa part personnelle de gloire, il eut la faiblesse de jalouser les lauriers de Corneille. Il se mêla aux querelles que beaucoup de médiocrités envieuses suscitaient au grand poëte, et défèra le *Cid* à l'Académie française, comme à un tribunal, afin que cette œuvre, tant applaudie du public, encourût du moins la critique d'un aréopage littéraire qu'il patronait et dominait absolument. L'Académie, de son côté, redoutait l'opinion publique; elle parut hésiter à accepter le rôle qu'on lui destinait. Le cardinal parla en maître ; il dit à un des officiers de sa maison : « Faites savoir à ces messieurs que je le désire, et que je les aimerai comme ils m'aimeront. » Il fut obéi, et le *Cid* condamné. Mais le juge suprême, le public, en continuant de couvrir de ses applaudissements le chef-d'œuvre qui venait d'éclore, cassa l'arrêt de l'Académie et vengea Corneille.

Au reste, malgré ces faiblesses d'un amour-propre jaloux, Richelieu n'en demeura pas moins le protecteur du grand poëte ; il s'occupait même de ses intérêts domestiques, et lui vint puissamment en aide dans une circonstance décisive et d'une manière qui mérite d'être rapportée. Corneille était devenu passionnément amoureux d'une jeune fille, Mlle de Lampérière. Le père de celle-ci, lieutenant général aux Andelys, était peu soucieux de donner sa fille à un poëte qui n'avait pour toute fortune que son talent. Il visait à un *meilleur parti*, et il accueillit mal les premières démarches de Corneille. Fontenelle, neveu du grand poëte, et qui nous a conservé cette anecdote, raconte qu'un jour, à cette époque de la vie de Corneille, Richelieu, l'observant, crut lui voir l'air plus rêveur et plus sombre que de coutume. Il lui demanda s'il travaillait à quelque tragédie. Corneille lui avoua « qu'il était loin de la tranquillité d'esprit nécessaire pour la composition, et qu'il avait la

tête renversée par l'amour. » Richelieu se fit ra-
conter cette grande passion et congédia Corneille.
Mais immédiatement le lieutenant général des Andelys reçut un ordre qui lui enjoignait de se rendre
auprès du redoutable ministre. « Il y arriva, dit
Fontenelle, tout tremblant d'un ordre si imprévu,
et s'en retourna bien content d'en être quitte pour
avoir donné sa fille à un homme.qui avait tant de
crédit. »

XLIV.

Urbain Grandier.

Le procès d'Urbain Grandier, suivi à outrance
par les ordres de Richelieu, est une triste page
d'histoire qu'il est utile de reproduire, car elle met
en relief la barbarie des mœurs dans ces siècles
passés, trop souvent et bien injustement vantés,
au détriment de notre époque.

Grandier, prêtre d'un esprit hautain, frondeur,
de mœurs relâchées, avait excité un certain scandale
dans le clergé de son diocèse, et s'était attiré beaucoup d'ennemis. Il s'était attaqué, dit-on, à Richelieu lui-même, alors que celui-ci était évêque de
Luçon, et on le soupçonnait d'être l'auteur d'un
pamphlet satirique dirigé contre le cardinal. Un
jour le confesseur d'un couvent d'ursulines, à Loudun, accuse Grandier d'employer la magie pour in-

spirer aux religieuses de mauvaises pensées, et lui
impute d'avoir envoyé des démons dans le corps de
plusieurs d'entre elles, en se servant, pour ses ma-
léfices, d'une branche de rosier fleuri qui avait en-
sorcelé toutes celles qui en avaient respiré l'odeur.
Laubardemont, envoyé par hasard à Loudun pour
y veiller à la démolition d'un château fort, recueille
tous les bruits qui circulent à ce sujet; il en instruit
le cardinal, en ayant soin de grossir et d'envenimer
l'affaire. Il sollicite la permission d'en faire l'objet
d'une instruction criminelle qu'il serait chargé de
diriger. Richelieu lui donne à cet égard les pou-
voirs les plus étendus; et alors commence un procès
où l'horrible se mêle à l'absurde et au burlesque.
Les démons eux-mêmes sont partie au procès et
figurent dans l'instruction, parlant par la bouche
des ursulines ensorcelées. Grandier est soumis à
d'affreuses tortures; des chirurgiens commis par
les juges ont ordre de lui raser les cheveux, de lui
arracher les sourcils et même les ongles, pour voir
s'il n'a pas quelque secrète marque du diable; ils
lui enfoncent aussi des aiguilles dans les chairs
pour chercher sur son corps des endroits frappés
d'insensibilité, ce qui passait alors pour un signe
certain d'un pacte avec l'enfer. Les juges, choisis
parmi les ennemis mêmes du malheureux Grandier, et qui n'avaient rien à refuser à Laubardemont, le reconnurent coupable de magie, maléfice

et possession, et le condamnèrent au bûcher. Son supplice fut horrible : avant de le livrer aux flammes, on l'appliqua de nouveau à la torture avec tant de violence que ses jambes en furent rompues et que la moelle de ses os en sortit à la vue des spectateurs. Il persista néanmoins à protester de son innocence, confessant d'ailleurs qu'il avait commis des fautes provenant de la fragilité humaine, et dont il se repentait. D'ordinaire on autorisait le bourreau à étrangler le patient au moment où il l'attachait au poteau placé au sommet du bûcher. Cette triste faveur avait été promise au malheureux Grandier ; mais, par un raffinement de cruauté, il se trouva que la corde avait été nouée à l'avance de telle façon qu'il fut impossible, au moment fatal, de la serrer. La victime, alors environnée de flammes, s'adressant à son plus fanatique persécuteur, lui cria : « Père Lactance, ce n'est pas là ce qu'on m'avait promis, mais il y a un Dieu au ciel qui sera le juge de toi et de moi. »

XLV.

Le père Joseph.

Plusieurs historiens se plaisent à représenter Richelieu, ce génie absolu et dominateur, comme subjugué à son tour par un conseiller intime qui aurait eu une grande part dans ses résolutions, et aurait exercé un ascendant capital sur la direction de sa politique. La vérité est que Richelieu accorda de bonne heure sa confiance à Leclerc du Tremblay, plus connu sous le nom de *père Joseph*, qui, après avoir servi comme militaire avec distinction, se fit capucin, puis rechercha les occasions de se mêler aux affaires des grands et de l'État. Le cardinal reconnut en lui un singulier esprit de ruse et de persévérance, et un dévouement sans bornes à la main qui l'employait ; il se l'attacha, et souvent se trouva bien, même dans les affaires les plus difficiles, d'avoir pris l'avis du père Joseph. Les courtisans appelaient ce singulier favori l'*Éminence grise*, en raison de l'humble habit de religieux qu'il garda toujours à la cour même et jusque dans les camps.

XLVI.

Paroles et traits caractéristiques.

Quelques mots profonds sortis de la bouche de Richelieu achèvent de le faire connaître :

Richelieu partait avec l'armée qui allait en Languedoc pour étouffer la rébellion du malheureux duc de Montmorency. La princesse de Guéménée le rencontre dans l'appartement du roi. Elle l'implore

en faveur du duc qui l'avait éperdument aimée.
« Monsieur, lui dit-elle tout émue, vous allez en
Languedoc, souvenez-vous des grandes marques
d'affection que le duc de Montmorency vous a données il n'y a pas longtemps ; vous ne sauriez les ou-
blier sans ingratitude. — Madame, lui répondit Richelieu d'un air sombre qui fit frémir la princesse,
je n'ai pas rompu le premier. »

Le cardinal avait attiré Charles Ier, roi d'Angleterre, dans l'alliance française ; il l'avait marié avec
la princesse Henriette, sœur de Louis XIII ; plus
tard, il eut sujet d'être mécontent de ce roi qui ne
le secondait plus franchement dans ses entreprises
contre les possessions espagnoles dans les Pays-Bas.
Il écrivit alors à l'ambassadeur de France à Londres ces mots de sinistre augure : « Le roi d'Angleterre, avant qu'il ne soit un an, verra qu'il ne
faut pas me mépriser. » Et, en effet, en favorisant
sous main le fanatisme protestant et l'esprit de révolte en Écosse et en Angleterre, il prépara l'échafaud sur lequel tomba la tête de Charles Ier.

Enfin les historiens rapportent ces paroles par
lesquelles le terrible cardinal caractérisait si éner-
giquement lui-même son génie politique : « Je n'en-
treprends jamais rien sans y avoir bien pensé. Mais
quand une fois j'ai pris ma résolution, je vais droit
à mon but ; je renverse tout, je fauche tout, et je
couvre tout de ma soutane rouge. »

Richelieu a laissé, sous le titre de *Testament politique*, un remarquable résumé des grandes pensées qui inspiraient sa politique et le dirigeaient dans la conduite des affaires de l'État. Au milieu des préoccupations de sa vie publique si tourmentée, il favorisa puissamment le progrès des arts. Il les aimait comme toute chose ayant de la grandeur. Sous lui, la poésie, la peinture, la sculpture prirent en France un essor inconnu jusque-là. Fondateur de l'Académie française, il le fut aussi de l'imprimerie nationale. Il construisit le Palais-Cardinal dont il fit don en mourant à Louis XIII. Il éleva le collége Du Plessis, réédifia sur un plan plus vaste la Sorbonne et en bâtit l'église, où l'on voit son mausolée, œuvre remarquable due au ciseau d'un célèbre sculpteur de ce temps, Girardon.

Louis XIII ne survécut pas longtemps à son ministre : retiré au château de Saint-Germain, sentant ses forces décliner et la mort venir, par une belle journée du mois de mai il se fit ouvrir les croisées de sa chambre, d'où l'on découvrait, au fond d'un magnifique paysage, la flèche de l'église de Saint-Denis, ce tombeau des rois de France. « Je viens contempler, dit-il, ma dernière demeure. » Il lutta quelque temps encore contre une pénible agonie, entendant dans son antichambre, et jusqu'au pied de son lit, les premiers bruits des cabales qui se disputaient déjà le pouvoir prêt à s'échapper de ses mains; tristes préludes de l'orageuse minorité de son fils !

Le 14 mai 1643, Louis XIII, à l'âge de 42 ans, rendait l'âme. Il n'avait survécu que cinq mois au puissant ministre qui l'avait si longtemps maîtrisé, et entraîné à sa suite dans des voies pleines de grandeur.

XLVII.

Jugements sur Richelieu.

Richelieu avait d'un trop ferme courage attaqué et comprimé des intérêts et des passions hostiles au bien public, humilié et forcé au silence des vanités envieuses, pour que, lui mort, il n'y eût pas contre sa mémoire une furieuse réaction. Ce fut alors un incroyable débordement de haine et d'injures sur un tombeau. Une foule de gens de lettres prodiguèrent sous toutes les formes l'insulte à celui qui plus qu'aucun des puissants du monde avait compris et rehaussé la valeur de l'homme de lettres, et avait comblé les poëtes de ses dons. Plus de deux cents pièces de vers nous sont parvenues, où le caractère, les mœurs, la vie privée du cardinal étaient voués à l'infamie. L'Académie française cependant lui resta fidèle. Quant au peuple, qui méconnaît si facilement ceux qui l'ont vraiment servi et honoré, il prit plaisir pendant quelque temps à poursuivre de ses clameurs le nom du grand homme. Toutefois Richelieu, parmi ses contemporains, trouva des voix impartiales. Nous en laisserons ici parler deux qui sont de nature à bien faire apprécier ce que pensaient dès lors de cet homme d'État, amis et ennemis, quand ils savaient surmonter leurs passions du moment.

« Je considère le cardinal , écrivait Voiture, un des littérateurs les plus renommés de cette époque, avec un jugement que la passion ne fait pencher ni d'un côté ni d'un autre, et je le vois des mêmes yeux dont la postérité le verra. Lorsque, dans deux cents ans, ceux qui viendront après nous liront en notre histoire que le cardinal de Richelieu a démoli la Rochelle et abattu l'hérésie, et que par un seul traité, comme par un coup de rets, il a pris trente ou quarante de ces villes pour une fois ; lorsqu'ils apprendront que du temps de son ministère les Anglais ont été battus et chassés, Pignerol conquis, Casal secouru, toute la Lorraine jointe à cette couronne, la plus grande partie de l'Alsace mise sous notre pouvoir, les Espagnols défaits à Veillanne et à Avein, et qu'ils verront que tant qu'il a présidé à nos affaires, la France n'a pas eu un voisin sur lequel elle n'ait gagné des places ou des batailles, s'ils ont quelques gouttes de sang français dans les veines, et quelque amour pour la gloire de leur pays, pourront-ils lire ces choses sans s'affectionner à lui; et, à votre avis, l'aimeraient-ils ou l'estimeraient-ils moins, à cause que de son temps les rentes de l'hôtel de ville se sont payées un peu plus tard, ou que l'on aura mis quelques nouveaux officiers dans la chambre des comptes? »

Et Mme de Motteville, cette femme d'une haute raison, confidente d'Anne d'Autriche, comment juge-t-elle le redoutable cardinal dont sa reine et sa protectrice avait été l'irréconciliable ennemie? Voici ses paroles :

« La reine et quelques particuliers qui avaient senti les rudes effets des cruelles maximes de ce ministre, avaient sujet d'avoir de la haine pour lui. Mais, outre qu'il était aimé de ses amis, parce qu'il les considérait beaucoup, l'envie certainement était la seule qui pût avoir part à la haine publique, puisque en effet il ne la méritait pas ; et malgré ses défauts et la raisonnable aversion de la reine, on doit dire de lui qu'il a été le premier homme de son temps, et que les siècles passés n'ont rien pour le surpasser. Il avait la maxime des illustres tyrans, il réglait ses desseins, ses pensées et ses résolutions sur la raison d'État et sur le bien public, qu'il ne considérait qu'autant que ce même bien public augmentait l'autorité du roi et ses trésors. La vie et la mort des hommes ne le touchaient que selon les intérêts de sa grandeur et de sa fortune, dont il croyait que celle de l'État dépendait entièrement.

Sous ce prétexte de conserver l'un par l'autre, il ne faisait pas difficulté de sacrifier toutes choses pour sa conservation particulière, et quoiqu'il ait écrit la *Vie du Chrétien*, il était néanmoins bien éloigné des maximes évangéliques. Ses ennemis se sont mal trouvés de ce qu'il ne les a pas suivies, et la France en a beaucoup profité, pareille en cela à ces enfants heureux qui jouissent ici-bas d'une bonne fortune, où leurs pères ont travaillé, en se procurant peut-être à eux-mêmes un malheur éternel. Ce n'est pas que je veuille faire un mauvais jugement de ce grand homme ; il faut avouer qu'il a augmenté les bornes de la France, et, par la paix de la Rochelle, diminué les forces de l'hérésie, qui ne laissaient pas d'être encore considérables dans toutes les provinces où les restes des guerres passées les faisaient subsister. Sa grande attention à découvrir les cabales qui se faisaient dans la cour, et sa diligence à les étouffer dans le commencement, lui a fait maintenir le royaume. C'est enfin le premier favori qui a eu le courage d'abaisser la puissance des princes et des grands, si dommageable à celle de nos rois, et qui, peut-être dans le désir de gouverner seul, a toujours détruit ce qui pouvait être contraire à l'autorité royale, et perdu ceux qui pouvaient l'éloigner de la faveur par leurs mauvais offices. »

De nos jours quelques voix chagrines s'élèvent

encore, de loin en loin, pour protester contre une
admiration de deux siècles, et remettre en question
ce grand nom de Richelieu. « Cet homme, disent-
elles, façonna son pays au plus dur despotisme, et
il masqua du voile de l'intérêt public les passions
d'une âme vindicative et cruelle. » Faire un crime
à Richelieu de sa dictature, c'est ne tenir compte ni
des temps ni des situations. Richelieu n'était pas le
citoyen d'une république, mais bien le ministre
d'une monarchie absolue. En gouvernant d'une
main vigoureuse et qui brisait toute résistance, il
ne faussait pas les lois fondamentales du pays; il
les raffermissait au contraire. Sans doute l'idée ne
lui vint pas de donner au peuple la liberté; le peuple n'y aspirait pas encore, et il n'en aurait su que
faire; mais, plus qu'aucun homme d'État avant et
depuis son époque, il voulut l'égalité dans l'obéissance, l'égalité devant le souverain. A aucun prix,
il ne toléra qu'au-dessus du niveau commun, il y
eût des gentilshommes et des grands seigneurs libres d'agiter le pays et de ruiner à leur fantaisie
la puissance et la fortune publiques. Mettre dans
l'État l'unité de pouvoir à la place de l'anarchie féodale, et faire passer dans les mœurs, au lieu de
l'impunité privilégiée de quelques-uns, la soumission
de tous à la loi, ce n'était pas certes fonder le despotisme; c'était l'œuvre d'un beau génie et d'un
grand citoyen, c'était préparer l'avénement du droit

national dont la liberté est inséparable ; c'était, devant une démocratie au berceau, déblayer courageusement les voies de l'avenir.

Qu'on aille au fond des choses, et l'on verra que Richelieu ne fut pas cruel par instinct, mais inflexible par raison d'État. Ce cœur impitoyable qu'on lui reproche ne lui venait pas d'un certain goût du sang, mais de sa rigueur inexorable de grand justicier. Sa mémoire n'est tachée d'aucuns meurtres commandés par les misères de l'ambition. Même dans l'horreur des guerres civiles il se montre, pour les vaincus, humain et quelquefois clément. Dans ses plus grandes sévérités que voit-on dominer? L'idée d'un devoir public, le besoin d'intimider des hommes d'audace et de révolte et d'affermir l'autorité, en un mot, comme il le dit lui-même, avec une si noble simplicité, à son lit de mort : « Le bien de l'État. » Voilà pour les grands traits de son caractère. On peut relever, sans doute, dans cette vie si pleine, si tourmentée, des faiblesses, des mouvements de colère et de haine; sans doute il y eut parfois de terribles passions mises en jeu chez cet homme, condamné à ne poursuivre ses grands desseins qu'à travers les menaces, les outrages, les complots. Avons-nous le droit de nous en étonner beaucoup? Il appartenait à l'humanité. Mais, malgré cet alliage, Richelieu n'en reste pas moins un des types de génie et de vigueur politiques dont l'humanité s'honore le plus. Et la France, fière de son unité, de sa force compacte, de son esprit national, la France prête pour toutes les conquêtes de l'intelligence et de la liberté, n'oubliera jamais que Richelieu a été, dans ce gigantesque travail, l'ouvrier de la première heure.

FIN.

TABLE.

TABLE.

FIN DE LA TABLE.

TYPOGRAPHIE DE CH. LAHURE
Imprimeur du Sénat et de la Cour de Cassation
rue de Vaugirard, 9

BIBLIOTHÈQUE
DES CHEMINS DE FER
500 VOLUMES

VOLUMES PUBLIÉS OU PRÊTS A PARAITRE.

(1ᵉʳ JANVIER 1856.)

1. GUIDES DES VOYAGEURS.

1º GUIDES AD. JOANNE, RICHARD, etc.

Guide du Voyageur en Europe, par *Richard*. 2ᵉ édition. 1 très-fort vol. in-12, broché .... 15 fr.

Guide du Voyageur aux Bains d'Europe, par *Richard*. 1 fort vol. grand in-18, broché .... 8 fr.

Tableau des monnaies d'Europe, comparées à la monnaie française. 1 vol. in-18, broché .... 1 fr.

Guide classique du Voyageur en France et en Belgique, par *Richard*. 24ᵉ édit. 1 fort vol. in-12, broché ...... 8 fr.

Guide classique du Voyageur en France (abrégé du précédent), par *Richard*. 1 vol. in-18, broché ...... 5 fr.

Conducteur du Voyageur en France (abrégé du précédent), par *Richard*. 1 vol. in-32, broché .... 3 fr.

Guide du Voyageur dans la France monumentale (*Itinéraire archéologique*), par *Richard* et *E. Hocquart*. 1 vol. in-12, broché .... 9 fr.

Guide alphabétique des rues et monuments de Paris, par *Fr. Lock*. 1 vol. in-12, broché .... 3 fr. 50

Petit guide de l'étranger à Paris, par *Fréd. Bernard*. 1 vol. grand in-32, relié .... 1 fr.

Guide du Voyageur aux Pyrénées, par *Richard*. 1 fort vol. in-18, br.. 7 fr.

Autour de Biarritz, par *A. Germond de Lavigne*. 1 vol. gr. in-18, br. 1 fr. 50

Itinéraire de Paris à Marseille, par *Richard*. 1 vol. grand in-18, br.. 3 fr.

Conducteur de l'Étranger dans Marseille par *Richard*. 3ᵉ édit. 1 vol. grand in-18, broché .... 3 fr.

Atlas portatif des chemins de fer français, composé d'une série de cartes dressées par *A. M. Perrot* et gravées sur acier, précédé d'un texte explicatif. 1 vol. in-12, cart...... 1 fr. 50

Guide du Voyageur en Belgique et en Hollande, par *Richard*. 1 fort vol. in-18, broché............... 8 fr.

Guide du Voyageur en Belgique, par *Richard*. 1 fort vol. in-18, br . . 6 fr.

Guide du Voyageur en Hollande, par *Richard*. 1 vol. in-18, broché. 4 fr. 50

Spa et ses Environs, par *Ad. Joanne*. 1 vol. in-18, broché .... 2 fr.

Itinéraire des bords du Rhin, du Neckar et de la Moselle, par *Ad. Joanne*. 1 fort vol. in-18, broché...... 7 fr.

Les trains de plaisir des bords du Rhin, par *Ad. Joanne*. 1 vol. in-18, br. 2 fr. 50

Bade et la forêt Noire, par *Ad. Joanne*. 1 vol. in-18 .... 2 fr.

Itinéraire descriptif et historique de l'Allemagne :

— ALLEMAGNE DU NORD, par *Ad. Joanne*. 1 fort vol. in-12, broché... 10 fr. 50

— ALLEMAGNE DU SUD, par *Ad. Joanne*. 1 fort vol. in-12, broché... 10 fr. 50

Itinéraire de la Suisse et du Jura français, par *Ad. Joanne*. 2ᵉ édit. 1 fort vol. in-12, broché............. 11 fr. 50

NOUVEL-EBEL. **Manuel du Voyageur en Suisse**, par *Ad. Joanne*. 1 fort vol. in-18, broché................. 6 fr. 50

Itinéraire descriptif et historique de l'Italie, par *A. J. Du Pays*. 1 fort vol. in-12, broché............. 11 fr. 50

Voyage dans le Midi de la France et en Italie, par *A. Asselin*. 1 vol. in-12, broché .... 3 fr.

Rome et ses Environs, par *G. Robello*.
1 vol. in-12, broché......... *7 fr. 50*

Rome vue en huit jours, par *Richard*.
1 vol. in-18, broché......... *2 fr.*

Guide du Voyageur en Espagne et en Portugal, par *Richard*. 1 fort vol. in-18, broché............... *9 fr.*

Itinéraire de la Grande-Bretagne : Angleterre, Écosse et Irlande, par *Richard* et *Ad. Joanne*. 1 fort vol. in-12, broché............... *12 fr.*

Itinéraire descriptif et historique de l'Écosse, par *Ad. Joanne*. 1 vol. in-18, broché............... *7 fr. 50*

Guide du Voyageur à Londres et dans ses Environs, par *Lake*. 1 fort vol. in-18, broché............ *7 fr. 50*

Londres tel qu'il est, par *Richard*. 1 joli vol. in-18, broché...... *2 fr.*

Guide du Voyageur en Orient, par *Richard* et *Quétin*. 1 fort vol. in-12, broché.............. *10 fr. 50*

Guide du Voyageur à Constantinople et dans ses Environs, précédé de la route de Paris à Constantinople, par *Ph. Blanchard*. 1 fort vol. in-12, broché.............. *7 fr. 50*

La Terre sainte. — Voyage des quarante Pèlerins de 1853, par *L. Enault*. 1 vol. in-12, broché.......... *4 fr.*

Guide du Voyageur en Algérie, par *Richard*. 1 vol in-18, broché.... *5 fr.*

L'Algérie en 1854. — Itinéraire de Tunis à Tanger, par *Joseph Bard*. 1 vol. in-8, broché.............. *5 fr. 50*

Belgique, par *Félix Mornand*, avec une belle carte de la Belgique. 1 vol. in-16, broché.................. *2 fr.*

2° ITINÉRAIRES ILLUSTRÉS.

Volume à 30 centimes.
Le Parc et les grandes Eaux de Versailles.

Volumes à 50 centimes.

De Paris à Corbeil (40 vignettes par Champin et une carte).

Enghien et la vallée de Montmorency, par *E. Guinot* (in-32, 18 vignettes).

Le Parc et les grandes Eaux de Versailles (in-32, 20 vignettes). 2° édit.

Petit itinéraire de Paris à Nantes (16 vignettes et une carte).

Petit itinéraire de Paris à Rouen (in-32, 33 vignettes et une carte).

Petit itinéraire du chemin de fer de Paris au Havre (in-32, 55 vignettes et une carte).

Promenades au château de Compiègne, et aux ruines de Pierrefonds et de Coucy, par *Eug. Guinot* (11 vignettes).

Volume à 75 centimes.

Petit guide de l'étranger à Paris, par *Fr. Bernard* (grand in-8, 40 vignettes par Lancelot et Thérond, et un plan de Paris). 2° édit.

Volumes à 1 franc.

De Paris à Orléans, par *Moléri* (45 vignettes par Champin et Thérond, et une carte).

De Strasbourg à Bâle, par *Frédéric Bernard* (50 vignettes et une carte).

Dieppe et ses environs, par *E. Chapus* (12 vignettes et un plan).

D'Orléans à Tours, par *A. Achard* (15 vignettes dessinées par Daubigny, et une carte).

D'Orléans à Nevers, à Châteauroux et à Varennes, par *A. Achard* (45 vignettes et une carte).

Fontainebleau et ses environs, par *Fr. Bernard* (21 vignettes par Lancelot).

Le Château, le Parc et les grandes Eaux de Versailles, par *Fréd. Bernard* (30 vignettes et 3 plans). 2° édit.

Les ports militaires de la France (Cherbourg, Brest, Lorient, Rochefort et Toulon), par *E. Neuville* (14 vignettes et 5 plans).

Mantes et ses environs, par *A. Moutié* (in-8, une lithographie).

Petit guide illustré de Paris, édition allemande, par *Wilhelm* (gr. in-8 avec un plan).

Petit guide illustré de Paris, édition anglaise, par *Fielding* (gr. in-8 avec plan).

Vichy et ses environs, par *Louis Piesse* (23 vignettes et un plan).

Volumes à 2 francs.

De Lyon à Marseille, par *Fr. Bernard* (80 vignettes par Lancelot, et une carte).

De Paris à Bordeaux, par *Moléri*, *A. Achard* et *de Peyssonnel* (120 vignettes par Champin, Lancelot et Varin, et 3 cartes).

De Paris à Bruxelles, y compris l'embranchement de Saint-Quentin, par *E. Guinot* (70 vignettes par Chapuy et Daubigny, 5 plans et une carte).

De Paris à Calais, à Boulogne et à Dunkerque, par *Eugène Guinot* (60 vignettes, 4 plans et une carte).

De Paris à Dieppe, par *Eugène Chapus* (40 vignettes, 2 plans et une carte).

De Paris à Lyon et à Troyes, par *F. Bernard* (80 vignettes par Lancelot, et une carte).

De Paris à Nantes, par *Moléri*, *A. Achard* et *Frédéric Bernard* (100 vignettes par Champin, Thérond et Lancelot, et 3 cartes).

De Paris à Strasbourg, par *Moléri* (80 vignettes par Chapuy, Renard, Lancelot, etc., et une carte).

De Paris au centre de la France, contenant : 1° *De Paris à Corbeil et à Orléans* ; 2° *d'Orléans à Nevers, à Châteauroux et à Varennes*, par *Moléri et A. Achard* (90 vignettes par Champin et Lancelot, et une carte).

De Paris au Havre, par *Eugène Chapus* (40 vignettes, 2 plans et une carte).

De Paris au Mans, par *A. Moutié* (50 vignettes par Thérond, et une carte).

Guide du voyageur à Londres, précédé d'un itinéraire historique et descriptif des chemins de fer de Paris à Londres (100 vignettes par Daubigny et Freemann, cartes et plans).

Les bords du Rhin, par *Frédéric Bernard* (80 vignettes par Daubigny, Lancelot, etc., cartes et plans).

Volume à 3 francs.

Paris illustré, son histoire, ses monuments, ses musées, son administration, son commerce et ses plaisirs, nouveau guide des voyageurs où l'on trouve les renseignements pour s'installer et vivre à Paris, de toutes manières et à tous prix ; publié par une société de littérateurs, d'archéologues et d'artistes (280 vignettes par Lancelot et Thérond, et 18 plans) Prix . . . . 7 fr.

5° GUIDES DE LA CONVERSATION.

Dialogues à l'usage des Voyageurs.

Volumes à 1 franc 50 cent.

Français-allemand, par *Richard* et *Wolters*.

Français-anglais, par *Richard* et *Quétin*.

Français-espagnol, par *Richard* et de *Coróna*.

Français-italien, par *Richard* et *Boletti*.

Anglais-allemand, par *A. Horwitz*.

Anglais-italien, par *Wahl* et *Brunetti*.

Anglais-espagnol, par de *Coróna* et *Laran*.

Volumes à 2 francs.

L'interprète anglais-français pour un voyage à Londres, ou conversations dans les deux langues sur les points les plus essentiels et les plus curieux du voyage, par *C. Fleming*.

L'interprète français-anglais pour un voyage à Paris, ou conversations dans les deux langues sur les points les plus essentiels et les plus curieux du voyage, par *C. Fleming*.

Volume à 3 francs.

L'interprète français-allemand pour un voyage à Paris, ou conversations dans les deux langues sur les points les plus essentiels et les plus curieux du voyage, par MM. de *Suckau*.

Tous ces guides se vendent aussi reliés. La reliure se paye en sus des prix ci-dessus indiqués.

II. HISTOIRE ET VOYAGES.

(Couvertures vertes.)

Volumes à 50 centimes.

Assassinat du maréchal d'Ancre, relation anonyme attribuée au garde des sceaux *Marillac*, avec un Appendice extrait des Mémoires de *Richelieu* (24 avril 1617).

Gutenberg, inventeur de l'imprimerie, par *A. de Lamartine* (1400-1469).

Héloïse et Abélard, par le même (1079-1142).

Histoire du siége d'Orléans et des honneurs rendus à la Pucelle, par *J. Quicherat*.

La conjuration de Cinq-Mars, récit extrait de *Montglat, Fontrailles, Tallemant des Réaux, Mme de Motteville*, etc. (1642).

La conspiration de Walstein, épisode de la guerre de Trente ans, par *Sarasin*, avec un Appendice extrait des Mémoires de *Richelieu* (1634).

La Jacquerie, précédée des insurrections des Bagaudes et des Pastoureaux; d'après *Mathieu Paris*, *Froissart*, etc. (1270-1380).

La mine d'ivoire, voyage dans les glaces de la mer du Nord, traduit de l'anglais.

La Saint-Barthélemy, récit extrait de *L'Estoile*, *Brantôme*, *Marguerite de Navarre*, *de Thou*, *Montluc*, etc. (24 août 1572).

La vie et la mort de Socrate, racontées par *Xénophon* et *Platon* (470-400 avant J. C.).

Légende du bienheureux Charles le Bon comte de Flandre, récit du XIIe siècle, par *Galbert de Bruges*.

Pitcairn ou la nouvelle île fortunée.

Volumes à 1 franc.

Campagne d'Italie, par *P. Giguet*, avec une carte gravée sur acier (1796).

Charlemagne et sa cour, portraits, jugements, etc., par *B. Hauréau* (742-814).

Christophe Colomb, par *A. de Lamartine* (1436-1506).

Deux années à la Bastille, récit extrait des Mémoires de Mme *de Staal* (Mlle de Launay) (1717-1720).

Édouard III et les bourgeois de Calais (1346-1558).

Fénelon, par *A. de Lamartine* (1651-1715).

Guillaume le Conquérant, ou l'Angleterre sous les Normands (1027-1087).

Histoire d'Henriette d'Angleterre, duchesse d'Orléans, par Mme *de La Fayette* (1661-1670).

Jeanne d'Arc, par *J. Michelet* (1412-1432).

L'amour dans le mariage, étude historique par *M. Guizot*. 3e édit.

Le Cid Campéador, chronique extraite des anciens poëmes espagnols, des historiens arabes et des biographies modernes, par *C. de Monseignat* (1040-1090).

Les convicts en Australie, voyage dans la Nouvelle-Hollande, par *P. Merruau*.

Les émigrés français dans la Louisiane (1800-1804).

Les îles d'Aland, avec une carte et deux gravures, par *Léouzon Le Duc*.

Louis XI et Charles le Téméraire, par *J. Michelet* (1461-1477).

Le cardinal de Richelieu, par *H. Corne*, ancien représentant (1623-1642). 2e éd.

Le cardinal Mazarin, par le *même*, (1642-1661).

Nelson, par *A. de Lamartine* (1758-1805).

Pie IX, par *E. de Saint-Hermel* (1792-1853).

Saint Dominique et les Dominicains, par *E. Caro*.

Saint François d'Assise et les Franciscains, par *Frédéric Morin*.

Voyage du comte de Forbin à Siam, suivi de quelques détails extraits des Mémoires de l'abbé *de Choisy* (1685-1688).

Voyage de Levaillant (abrégé du) dans l'intérieur de l'Afrique.

Voyage en Californie en 1852 et 1853, par *Ed. Auger*.

Volumes à 2 francs.

Alfred le Grand, ou l'Angleterre sous les Saxons.

Aventures de Robert Fortune en Chine, dans ses voyages à la recherche du thé et des fleurs.

François Ier et sa Cour, portraits, jugements et anecdotes (1515-1547), par *B. Hauréau*. 2e édit.

La grande Charte ou l'Établissement du gouvernement constitutionnel en Angleterre, par *Camille Rousset*.

La Nouvelle-Calédonie. Voyages, — missions, — colonisation, — par *Charles Brainne*.

Law, son système et son époque, par *A. Cochut* (1716-1729).

Le Régent et la cour de France sous la minorité de Louis XV, portraits, jugements et anecdotes, extraits littéralement des Mémoires authentiques du *duc de Saint-Simon* (1715-1723). 2e édit.

Louis XIV et sa cour, portraits, jugements et anecdotes, extraits littéralement des Mémoires authentiques du *duc de Saint-Simon* (1694-1715). 2e édit.

Madame de Maintenon, par *G. Héquet* (1635-1719).

Mœurs et coutumes de l'Algérie. — (Tell, Kabylie, Sahara), par le général *Daumas*, conseiller d'État, directeur des affaires de l'Algérie.

Origine et fondation des États-Unis d'Amérique, par *P. Lorain* (1497-1620).

Scènes de la vie maritime, par le capitaine *Basil Hall*, traduites par *Amédée Pichot*.

Souvenirs de l'empereur Napoléon Ier, extraits du *Mémorial de Sainte-Hélène* de M. le comte de *Las Cases* (1769-1821).

Un chapitre de la révolution française, ou Histoire des journaux en France de 1789 à 1799, précédée d'une introduction historique sur les journaux chez les Romains et dans les temps modernes, par *Ch. de Monseignat*.

Voyages dans les glaces du pôle arctique, à la recherche du passage nord-ouest, extraits des relations de sir John Ross, Edward Parry, John Franklin, Beechey, Back, Mac Clure et autres navigateurs célèbres, par MM. *A. Hervé* et *F. de Lanoye*.

Volumes à 3 francs.

Caprices et Zigzags, par *Th. Gautier*.

Italia, par le même.

La Baltique, par *Léouzon Le Duc*.

La Russie contemporaine, par le même. 2e édit.

La Grèce contemporaine, par *Edmond About*. 2e édit.

La Turquie actuelle, par *A. Ubicini*.

L'Inde contemporaine, par *F. de Lanoye*.

Voyage d'une femme au Spitzberg, par Mme *L. d'Aunet*. 2e édit.

III. LITTÉRATURE FRANÇAISE.

(Couvertures cuir.)

Volumes à 50 centimes.

La bourse, par *H. de Balzac*.

La métromanie, par *Piron*.

L'avocat Patelin, par *Brueys* et *Palaprat*.

Le joueur, par *Regnard*.

Le philosophe sans le savoir, par *Sedaine*.

Scènes de la vie politique, par *H. de Balzac*.

Zadig ou la destinée, par *Voltaire*.

Volumes à 1 franc.

Contes excentriques, par *Charles Newil*.

Ernestine — Caliste — Ourika, par Mmes *Riccoboni, de Charrière* et de *Duras*.

François le Champi et les Maîtres mosaïstes, par *George Sand*.

La mare au diable, par la même.

La petite Fadette, par la même.

Graziella, par *A. de Lamartine*.

La colonie rocheloise, nouvelle extraite de l'Histoire de Cléveland par l'*abbé Prévost*.

Le lion amoureux, suivi de l'orage et des deux aveugles, par *Frédéric Soulié*.

Les arlequinades, par *Florian*.

Les oies de Noël, par *Champfleury*.

Militona, par *Théophile Gautier*.

Palombe ou la femme honorable, roman, par *Jean-Pierre Camus*, évêque de Belley ; précédée d'une étude littéraire sur Camus et le roman au XVIIe siècle, par *H. Rigault*.

Paul et Virginie, par *Bernardin de Saint-Pierre*.

Pierrette, par *H. de Balzac*.

Théâtre choisi de *Lesage*.

Tolla, par *Edmond About*.

Volumes à 2 francs.

Eugénie Grandet, par *H. de Balzac*.

Fables de Viennet.

Le langage des fleurs, par *Zaccone*.

Le tailleur de pierres de Saint-Point, par *A. de Lamartine*.

Théâtre choisi de *Beaumarchais*, contenant le Barbier de Séville et le Mariage de Figaro, avec préfaces et notices.

Ursule Mirouët, par *H. de Balzac*.

Volumes à 3 francs.

Atala, René, les Natchez, par *de Chateaubriand*.

Le génie du christianisme, par le même.

Les martyrs, par le même.

Nouvelles Nouvelles, par *Méry*.

Costal l'Indien, scènes de l'indépendance du Mexique, par *Gabriel Ferry*.

Le coureur des bois, ou les chercheurs d'or, par le même. 2 vol.

Scènes de la vie mexicaine, par le même.

Le presbytère, par *Töpffer*.
Menus propos, par le même.
Nouvelles genevoises, par le même.

Rosa et Gertrude, par le même, avec des notices par MM. *Sainte-Beuve* et *de La Rive*.

IV. LITTÉRATURES ÉTRANGÈRES.

(Couvertures jaunes.)

Volumes à 50 centimes.

Costanza, ou l'illustre servante, par *Cervantès*, traduit de l'espagnol par *L. Viardot*.

Jonathan Frock, par *Henri Zschokke*, traduit de l'allemand par *E. de Suckau*.

La bohémienne de Madrid, par *Cervantès*, traduit de l'espagnol par *L. Viardot*.

Voyage en France à la recherche de la santé, extrait et traduit de Sterne, par *A. Tasset*.

Volumes à 1 franc.

Aladdin ou la lampe merveilleuse, conte tiré des Mille et une Nuits.

Contes merveilleux d'*Apulée*, traduits du latin.

Contes d'*Auerbach*, traduits de l'allemand par *M. Boutteville*.

Histoire de Djouder le pêcheur, conte traduit de l'arabe, par *Cherbonneau* et *Thierry*.

La bataille de la vie, par *Ch. Dickens*, traduit de l'anglais par *A. de Goy*.

La fille du capitaine, par *Alexandre Pouschkine*, traduit du russe par *L. Viardot*.

La mère du déserteur, par *Walter Scott*, traduit de l'anglais par *F. Colincamp*.

Le grillon du foyer, par *Ch. Dickens*, traduit de l'anglais par *F. Colincamp*.

Le mariage de mon grand-père, suivi du Testament du juif, traduit de l'anglais.

Lettres choisies de lady *Montague*, traduites de l'anglais.

Nouvelles choisies d'*Edgard Poë*, contenant : 1° le Scarabée d'or, 2° l'Aéronaute hollandais ; traduites de l'angl.

Nouvelles choisies de *Nicolas Gogol*, contenant : 1° les Mémoires d'un fou ; 2° un Ménage d'autrefois ; 3° le Roi des gnomes, traduites du russe par *L. Viardot*.

Nouvelles choisies du comte *Sollohoub*, contenant : 1° Une Aventure en chemin de fer ; 2° les deux Étudiants ; 3° la Nouvelle inachevée ; 4° l'Ours ; 5° Serge ; traduites du russe, par *E. de Lonlay*.

Tarass Boulba, de *Nicolas Gogol*, traduit du russe par *L. Viardot*.

Werther, de *Gœthe*, traduit de l'allemand, par *L. Enault*.

Volumes à 2 francs.

La fille du chirurgien, de sir *Walter Scott*, traduction de *L. Michelant*.

Mémoires d'un seigneur russe, ou tableau de la situation actuelle des nobles et des paysans dans les provinces russes, traduits du russe d'*Ivan Tourghenief*, par *E. Charrière*. 2e édit.

Nouvelles danoises, traduites par *Xavier Marmier*.

Ruth, par Mme *Gaskell*, trad. de l'anglais par Mme *de Witt*.

Volume à 3 francs.

L'esclave blanc, traduit de l'anglais par *L. de Wailly*.

V. AGRICULTURE ET INDUSTRIE.

(Couvertures bleues.)

Volumes à 1 franc.

La télégraphie électrique, par *Victor Bois*, ingénieur civil. 2e édit.

Le jardinage, ou l'art de créer et d'entretenir un jardin, par *A. Ysabeau*. 2e édit.

Les chemins de fer français, par *V. Bois*.

Volumes à 2 francs.

La pisciculture, par *Aug. Jourdier*,

ancien fermier à Villeroy et au Vert-Galant, membre du Conseil d'administration de la Société d'encouragement pour l'industrie nationale, etc., avec 120 gravures.

Les abeilles et l'apiculture, avec 20 vignettes, par *A. de Frarière*.

L'hygiène ou l'art de conserver la santé, par le Dr *Beaugrand*.

Maladies de la pomme de terre, de la betterave, du blé et de la vigne de

1845 à 1853, avec l'indication des meilleurs moyens à employer pour les combattre, par A. Payen, de l'Institut, avec 4 planches dont 3 coloriées.

Volumes à 3 francs.

Le matériel agricole, ou description et examen des instruments, des machines, des appareils et des outils, au moyen desquels on peut : 1° Sonder, défricher, défoncer, drainer ; 2° Labourer, remuer et aérer, alléger, fouiller, plomber, nettoyer, ensemencer, façonner le sol ; 3° Récolter, transporter, abriter et emmagasiner les produits ; 4° Tirer parti de chacun d'eux, soit pour les consommer soit pour les vendre, etc., par A. Jourdier. 2° édit.

Des substances alimentaires et des moyens de les améliorer, de les conserver et d'en reconnaître les altérations, par A. Payen, de l'Institut, secrétaire perpétuel de la Société impériale d'agriculture. 3° édit.

VI. LIVRES ILLUSTRÉS POUR LES ENFANTS.
(Couvertures roses.)

Volumes à 1 franc.

Enfances célèbres, par Mme L. Colet (16 vignettes).

Fables de Fénelon, archevêque de Cambrai (8 vignettes).

Voyages de Gulliver à Lilliput et à Brobdingnag, par Swift, édition abrégée à l'usage des enfants (10 vignettes).

Volumes à 2 francs.

Choix de petits drames et de contes tirés de Berquin (8 vignettes).

Contes choisis des frères Grimm, traduits de l'allemand par Fréd. Baudry (40 vignettes par Bertall).

Contes de fées tirés de Perrault, de Mme d'Aulnoy et de Mme Leprince de Beaumont (14 vignettes).

Contes de l'adolescence choisis de miss Edgeworth, et traduits par A. Le François (22 vignettes).

Contes de l'enfance choisis de miss Edgeworth, et traduits par A. Le François (26 vignettes).

Contes moraux de Mme de Genlis (8 vignettes).

Contes nouveaux, par Mme de Bawr (40 vignettes par Bertall).

Histoire de l'admirable don Quichotte de la Manche, par Cervantès, édition à l'usage des enfants (17 vignettes).

Histoire d'un navire, par Ch. Vimont (vignettes par Alex. Vimont).

La caravane, contes orientaux traduits de l'allemand de Hauff, par A. Talon (46 vignettes par Bertall).

La petite Jeanne ou le devoir, par Mme Z. Carraud (20 vignettes).

Les exilés dans la forêt, par le capitaine Mayne-Reid, traduits de l'anglais par Mme Henriette Loreau (12 vignettes).

Les jeux des adolescents, par Belèze (140 vignettes).

VII. OUVRAGES DIVERS.
(Couvertures saumon.)

Volumes à 1 franc.

Anecdotes historiques et littéraires, racontées par L'Estoile, Brantôme, Tallemant des Réaux, Saint-Simon, Grimm, etc.

Anecdotes du règne de Louis XVI.

Anecdotes du temps de la Terreur.

Anecdotes du temps de Napoléon Ier, recueillies par E. Marco de St-Hilaire.

Aventures de Cagliostro, par J. de Saint-Félix.

Aventures du baron de Trenck, par P. Boiteau (1726-1794).

La sorcellerie, par Ch. Louandre.

Le guide du bonheur, par M. ***.

Le tueur de lions, par Jules Gérard. 2° édition.

Mesmer et le magnétisme animal, par E. Bersot. 2° édit., augmentée d'un chapitre sur les tables tournantes.

Volumes à 2 francs.

Études biographiques et littéraires sur quelques célébrités étrangères, par J. Le Fèvre Deumier : — I. Le Cavalier Marino ; II. Anne Radcliffe ; III. Paracelse ; IV. Jérôme Vida.

Les chasses princières en France de 1589 à 1839, par E. Chapus.

Le Sport à Paris, ouvrage contenant : Le Turf, — la Chasse, — le Tir au pistolet et à la carabine, — les Salles d'armes, — la Boxe, — le Bâton et la Canne, — la Lutte, — le Jeu de Paume, — le Billard, — le Jeu de Boule, —

l'Équitation, — la Natation, — le Canotage, — la Pêche, — le Patin, — la Danse, — la Gymnastique, — les Échecs, — le Whist, etc., par *E. Chapus.*

Œhlenschläger, le poëte national du Danemark, par *J. Le Fèvre Deumier.*

Souvenirs de chasse (sixième édition), par *L. Viardot.*

Voyage à travers l'Exposition des beaux-arts, par *Edmond About.*

Volumes à 3 francs.

La chasse à tir en France, par *J. La Vallée* (30 vignettes par F. Grenier).

Les cartes à jouer et la cartomancie, par *Paul Boiteau* (40 vignettes).

Les musées de France, par *Louis Viardot*

Les musées d'Italie, par le même.

Les musées d'Espagne, par le même.

Les musées d'Allemagne, par le même.

Les musées de Belgique, de Hollande, de Russie, par le même.

Le Turf ou les courses de chevaux en France et en Angleterre, par *Eugène Chapus.*

VIII. ÉDITIONS COMPACTES ET ÉCONOMIQUES.

(Couvertures chamois.)

Volumes à 1 franc.

Aventures d'une colonie d'émigrants en Amérique, traduites de l'allemand par *Xavier Marmier.*

Geneviève, histoire d'une servante, par *A. de Lamartine.*

Jane Eyre, imitée de l'anglais de *Currer-Bell*, par *Old-Nick.*

Le diamant de famille et la jeunesse de Pendennis, par *Thackeray.*

Opulence et misère, de Mrs. *Ann S. Stephens*, traduit de l'anglais par Mme *Henriette Loreau.*

Stella et Vanessa, par *L. de Wailly.*

Tancrède de Rohan, par *H. Martin.*

Volumes à 2 francs.

De France en Chine, par le Dr *Yvan.*

La case de l'oncle Tom, ou vie des Nègres en Amérique, par Mrs. *Harriet Beecher Stowe*, traduction de *L. Enault.*

L'allumeur de réverbères, par miss *Cumming*, roman américain, traduit par MM. *Belin de Launay* et *Ed. Scheffter.*

Volumes à 3 francs.

La foire aux vanités, par *Thackeray*, traduction de M *Guiffrey.*

Visite à l'Exposition universelle de 1855, publiée sous la direction de M. *Tresca.* 2e édit.

Les volumes qui composent la Bibliothèque des chemins de fer se trouvent à la librairie des éditeurs, rue Pierre-Sarrazin, no 14, chez les principaux libraires de Paris et de l'Étranger, et dans les gares des chemins de fer.

Ch. Lahure, imprimeur du Sénat et de la Cour de Cassation (ancienne maison Crapelet), rue de Vaugirard, 9.

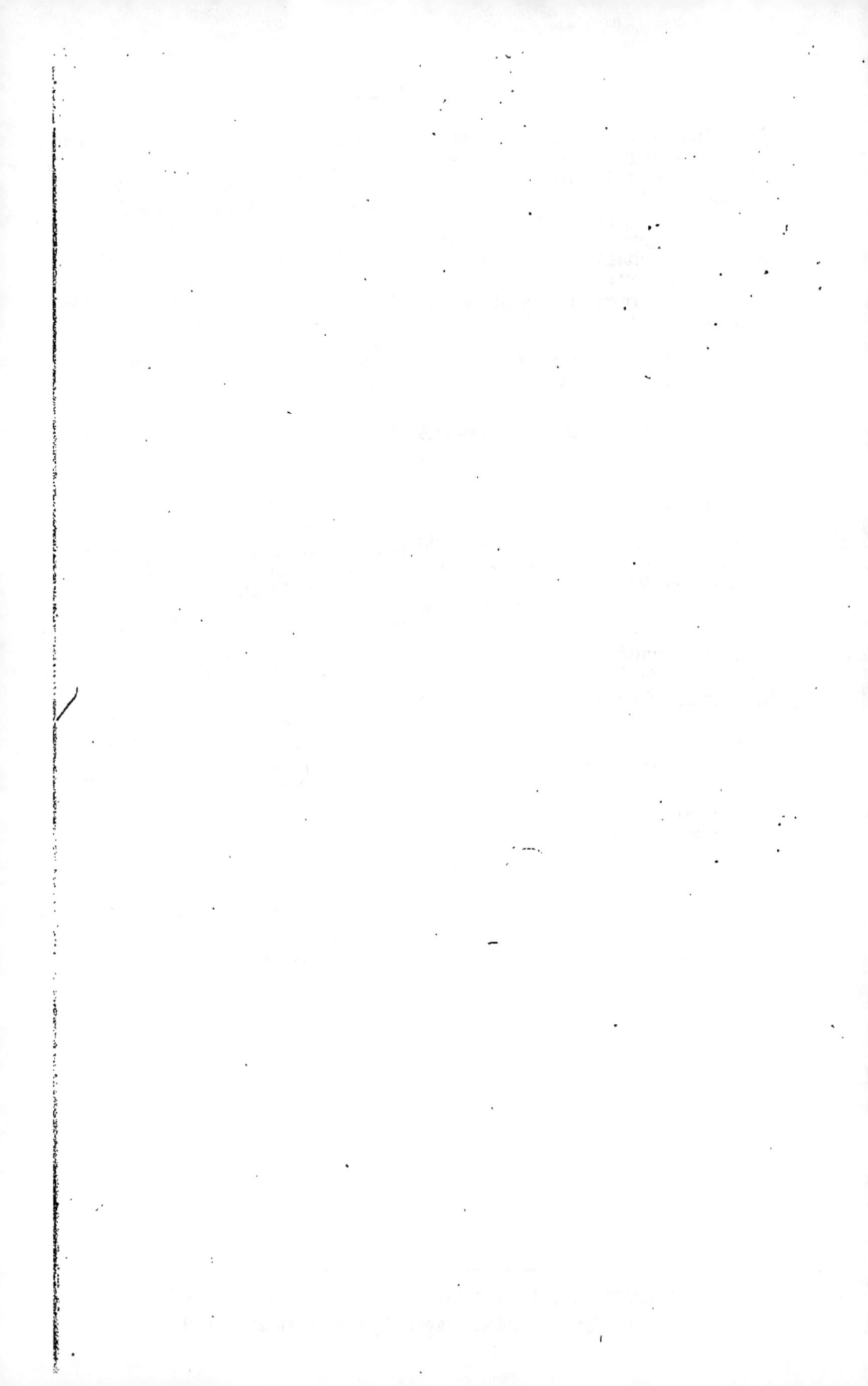

www.ingramcontent.com/pod-product-compliance
Lightning Source LLC
Chambersburg PA
CBHW050004100426
42739CB00011B/2503